JN271836

木造建築物の火災特性を踏まえた消防活動の安全管理対策

発刊にあたって

　日本各地で年間３万２千件前後の建物火災が発生している中、日夜、全国の消防職員、消防団員が国民の生命・身体・財産を保護するため、消火作業に従事しています。各消防本部、消防団では組織をあげて消火作業に従事する職・団員の安全管理の徹底を図り、受傷事故の防止に努力しているところです。

　しかし、消火作業中の事故、特に出火建物の壁、床、天井などの倒壊、落下により、私たちの同僚が受傷する事故は各地で発生しています。

　そこで、東京消防庁の協力をいただき、同種事故を防止するため、本書を発刊しました。

　内容は、現場指揮者をはじめ、火災現場に出動する全ての消防隊員、消防団員が配慮すべき留意点や、災害現場において安全管理業務に従事する安全管理担当者（隊）が確認すべきポイント、着眼点などが事例を中心に整理されています。

　また、特に消火活動から残火処理活動にいたる中で、床部、壁体部の落下に対しても安全を確保した活動ができる方策を明記しており、消防活動に携わる多くの消防隊員や消防団員にとって有益な図書であります。あわせて、建物火災における「燃焼の基礎」、「建物の火災性状」、「火災性状を考慮した消防活動のポイント」で構成され、火災映像も盛り込まれた映像教養資料（DVD）を添付しています。

　本書が消防活動に従事する皆さんの必携として、また、教育・研修資料として広く活用され、火災現場での消防活動に伴う受傷事故が皆無となることを念願するものであります。

平成19年５月

全国消防長会　会長

目　次

第 1 編　木造建築物火災と安全管理

第 1 章　木造住宅に関する基礎的知識
　1　建築関係法令等の内容 …………………………………………………………… 3
　2　木造建築物の様態について ……………………………………………………… 3
　（1）主要構造部の構法 ……………………………………………………………… 3
　（2）木造建築物の様態の移り変わり ……………………………………………… 5
　3　消防活動上重要な箇所 …………………………………………………………… 5
　（1）柱 ………………………………………………………………………………… 5
　（2）梁 ………………………………………………………………………………… 6
　（3）仕口、継ぎ手 …………………………………………………………………… 6
　（4）床 ………………………………………………………………………………… 7
　4　建物構造、燃焼現象に関する知識の消防活動への反映 ……………………… 8

第 2 章　火災現場における柱やほぞの焼け細りに対する科学的解明
　1　木材の炭化速度 …………………………………………………………………… 10
　2　柱、ほぞの焼け細り ……………………………………………………………… 11
　3　ほぞの焼け細りと強度低下 ……………………………………………………… 11
　4　金属による補強材への留意事項 ………………………………………………… 12

第 3 章　理論的根拠に基づく倒壊危険把握要領
　1　木造住宅の耐荷重（どれくらいの荷重に耐えられるか）……………………… 13
　2　火災による柱、梁の強度変化及び留意点 ……………………………………… 13
　3　木造建物の倒壊・崩落のパターン・メカニズム ……………………………… 14
　4　倒壊・崩落を引き起こす荷重の種類 …………………………………………… 17
　（1）建物内の積載荷重の量 ………………………………………………………… 17
　（2）消火活動に用いる水量、活動隊員の重量 …………………………………… 18
　5　倒壊危険を把握するために消防隊員が着目すべき点 ………………………… 19

第 4 章　消防活動現場とヒューマンエラー対策
　1　消防活動とヒューマンエラー …………………………………………………… 21
　2　ヒューマンエラーとは …………………………………………………………… 21
　3　消防活動時の心理 ………………………………………………………………… 23

4　火災後期の心理状態 …………………………………………………………… 25
　5　対応策 ……………………………………………………………………………… 28
　6　その他の対策 …………………………………………………………………… 30

第2編　［事例］火災現場活動時の安全管理の着眼点

事例1　横架材に亀裂が入っていたら危険あり ……………………………………… 32
事例2　天井の水模様を見ろ ……………………………………………………………… 34
事例3　1階も床抜けする。油断するな ……………………………………………… 36
事例4　瓦は固定されていない ………………………………………………………… 38
事例5　通し柱は少ない。仕口に注意せよ …………………………………………… 40
事例6　現代風の住宅は、軽い反面、強度が弱いことがあると認識せよ ……… 42
事例7　天井の断熱材はできる限りとび口等で除去せよ …………………………… 44
事例8　隊員は床抜けした付近に集中せず、床抜けの連鎖を避けよ …………… 46
事例9　電線の垂れ下がり－落下物は収容物だけではない ……………………… 48
事例10　コロニアル葺きの屋根崩壊は大規模になる可能性がある ……………… 50
事例11　グラスウールの危険性を見極めよ …………………………………………… 52
事例12　畳の抜けは、根太への引っ掛かりに左右される ………………………… 54
事例13　上階の床抜けの前兆を見逃すな ……………………………………………… 56
事例14　壁内も延焼経路となる。これを見抜く洞察力を養え …………………… 58
事例15　全焼した防火造建物は落下物の危険が多い ……………………………… 60
事例16　火に煽られたモルタル外壁は非常に弱くなる …………………………… 62
事例17　収納棚からの落下物に注意しろ ……………………………………………… 64
事例18　フローリングは畳よりも床抜けしやすい ………………………………… 66
事例19　押入れは延焼経路となりやすい ……………………………………………… 68
事例20　上方のみに気をとられずに足元をしっかり見よ ………………………… 70
事例21　倒壊危険の大きい現場活動は任務分担の上、最小限の隊員で実施せよ …… 72
事例22　収容物・堆積物が多い現場では資器材を整理せよ ……………………… 74
事例23　屋根抜けの有無で床への荷重が変わる ……………………………………… 76
事例24　焼け細った細かい部材は素早く除去せよ ………………………………… 78
事例25　鋼鉄による土台は熱で曲がってしまう ……………………………………… 80
事例26　安全管理担当者（隊）でなくとも自ら安全確保に対する意識を持て ……… 82

引用・参考文献 ………………………………………………………………………………… 85

第1編
木造建築物火災と安全管理

第1章

木造建築物の火災と安全性管理

第1章　木造住宅に関する基礎的知識

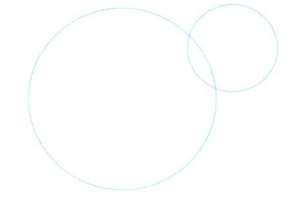

1　建築関係法令等の内容

　延焼している建物内に進入し、人命救助・火災防ぎょ活動を行う消防隊員にとって、その建物が綿密な構造計算の上に建てられており、活動中の安全が確保されたものであることが望ましいことはいうまでもない。しかし、現行の建築基準法令における木造建築物に関しては、面積・高さ制限、室内換気、階段の勾配、日照等の他、構造に関するものとして柱・梁の小径、基礎・土台、筋交いなどについて定められているものの、いずれも大きさや寸法に関するものがほとんどで、強度については明確にされていないのが現状である。

　木造建築物は、それに使用する木材の種類や含水率、経年劣化などにより強度が大きく異なるものと考えられており、そのため木造建築物火災での消防活動では、焼損した木材の強度低下の違いに起因する多くの危険が存在する。安全管理を大前提とした消防活動には長年培われた経験は当然必要であるが、隊員の安全管理をより確実に行うためには、木造建築物の構造、建物全体の延焼や部材の焼け方などについて、経験や勘のみに頼らず、学術的見解なども取り入れた幅広い状況判断を行う必要がある。

2　木造建築物の様態について

（1）　主要構造部の構法

　現在、木造建築物の構法は数種類あり、それぞれ特徴を持っている。以下に代表的なものを示す[1]。

　ア　在来軸組構法（図1－1）

　　わが国で昔から用いられている一般的な構法であり、木材によって骨組（基礎、軸組、小屋組）を作るもので、軸組は柱、梁、筋交い、土台が基本的な骨組となっている。

　イ　伝統構法

　　仕口（骨組の接合部）に金属を使用せずに柱・梁などを組み上げる構築法であり、現在の一般住宅にはあまり見られないが、格式のある旧家などが重要文化財の指定を受けるなどして保存されている。ただし、現在の建築基準法により、原則として仕口を金物で補強することが義務付けられている。

ウ　木造枠組壁構法（図1－2）
　堅枠と構造用合板の組合せによって壁体を形成するもので、基本となる柱の断面が2インチ×4インチであることから、通称ツーバイフォー（2×4）構法とも呼ばれている。これは壁自体が強度を持つため、地震等の横揺れに強い設計となっている。

エ　集成材構法
　在来軸組構法と同様、木材によって骨組（基礎、軸組、小屋組）を形成する構築法であるが、使用する木材について、薄板などを繊維方向に何枚も重ねて厚い板や大断面の柱・梁に成形した部材（集成材）を用いているのが特徴である。集成材は加工がしやすく、少量の材料でも加工の仕方により強度を持たせることができるようになった反面、火災時には燃え尽きるのが早いといえる。

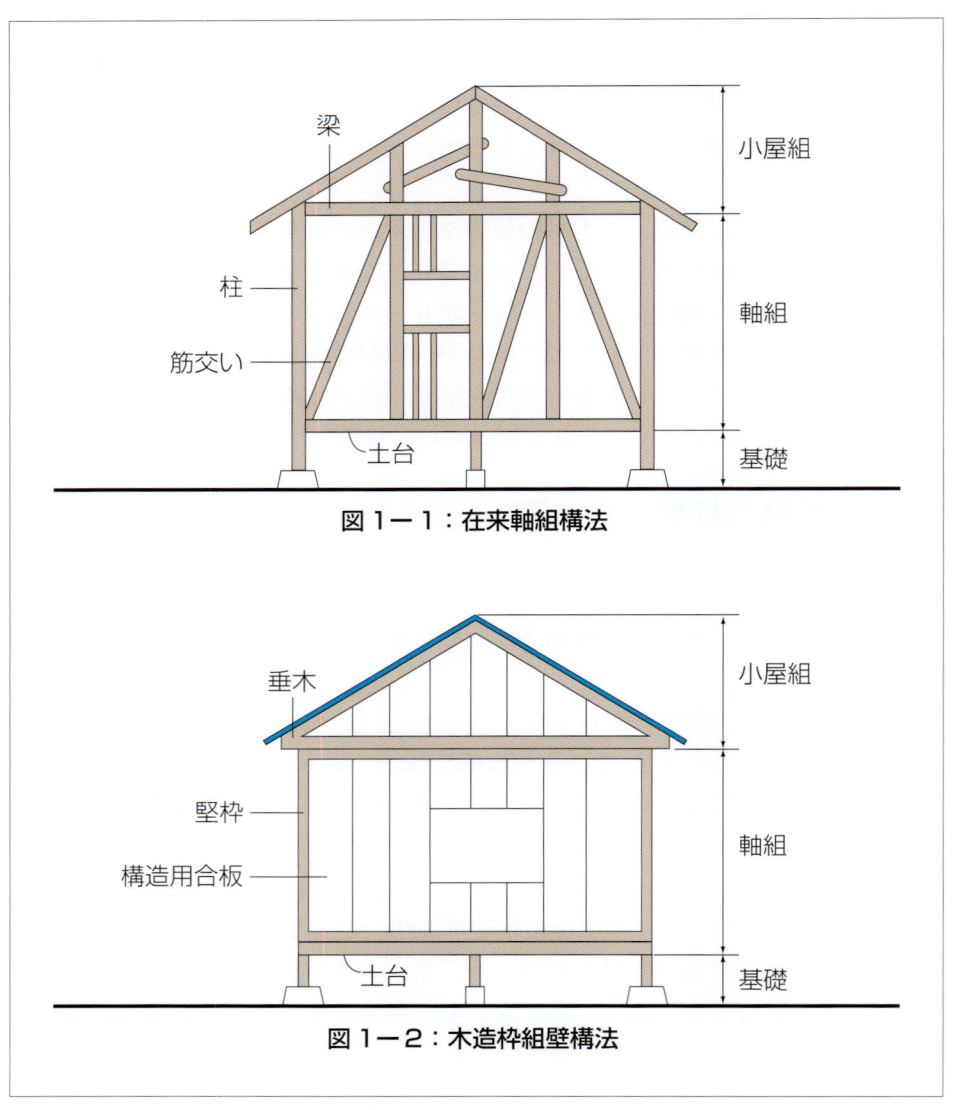

図1－1：在来軸組構法

図1－2：木造枠組壁構法

（2） 木造建築物の様態の移り変わり

わが国の木造住宅への関心は、時代とともに材料→耐力壁→接合部→耐震性能へと移り変わっている。

1950年代に始まる高度成長期以前は、木造建築物の在来軸組構法が主流であった。

高度成長期に入り、耐火造、防火造建築が増加する中、従来の太い柱と梁を持つ在来軸組構法から十分な強度を持つ耐力壁に関心は移り、木造枠組壁構法が新しい構法として注目され始めた。これは、基本となる柱の断面が2インチ×4インチであることから、ツーバイフォー（2×4）構法と呼ばれているが、柱や筋交いではなく壁そのものに強度を持たせたもので、地震などの横揺れに強い上、コストの削減が図れることから、広く普及するに至った。

その後1980年代に入ると、部材の接合が注目され始め、伝統的な接合法や既に普及している接合金物等の性能の再検討が多方面で行われた。これは、木質構造が改めて見直されたことと、それをより合理的に設計を行おうとしたためである。そこで生まれたのが集成材構法であった。これにより強度の不確定性がある程度払拭され、比較的大規模な木造建築物が建設できるようになった。

しかし、平成7年1月に発生した阪神・淡路大震災によって在来構法で建てられた木造建築物が多く倒壊し、火災によって多くの死者を出したことから、木造建築に関心がよせられた。

建設業界や多くの研究機関によって建物被害調査がなされ、耐震性能向上の一翼を担う耐力壁（耐震壁）の重要性が再認識され、現在に至っている。

3　消防活動上重要な箇所

延焼した木造建築物において隊員の安全を確保するために着目すべき主な点は、柱、梁、仕口などである。特に床抜けを考慮する際には畳、フローリング等の床材に着目すべきである。

（1）　柱

柱には、通し柱と管柱がある。通し柱とは上階と下階を1本もので通した柱で、隅部に用いる柱である。これに対し管柱とは、各階ごとに胴差しなどの横架材間に配置される柱である。

現代の住宅の場合、通し柱で施工されているのは隅部の4本程度であり、他は管柱であることから、隊員が建物の2階で活動する場合、**すべてが通し柱という意識があると、柱に外力を加えるような活動により、柱の思わぬ倒壊を招く危険性がある**。

写真1－1のような場合、柱が焼け残り安定しているように見えても、すべてが通し柱ではないので注意が必要である。

写真1-1：柱が焼け残り安定しているように見えるが、すべてが通し柱ではない。

(2) 梁

　梁とは、小屋組や床組の荷重を柱などと連結して支える水平材である。梁には上部からの力が曲げの力としてかかるため、これに耐え得る非常に強固なものでできている。火災の場合、焼けた梁が建物の主要部であれば建物全体の倒壊に、床部に架かっているものであれば床抜けにつながりやすいため、梁の状態に細心の注意を要する。

(3) 仕口、継ぎ手

　仕口とは柱と梁、梁と梁などの2部材を直行させる際の接合方法や接合部を言い、継ぎ手とは2部材を長手方向に継ぐ際の接合方法や接合部を言う。これらは部材を強固に接合するために様々な形状的工夫が凝らされているが、火災でその接合部の間隙に火が入ると強度が著しく低下し、座屈などの原因となる。（写真1-2、1-3）

写真1-2：仕口も間隙があると火が入り、強度は著しく落ちる。

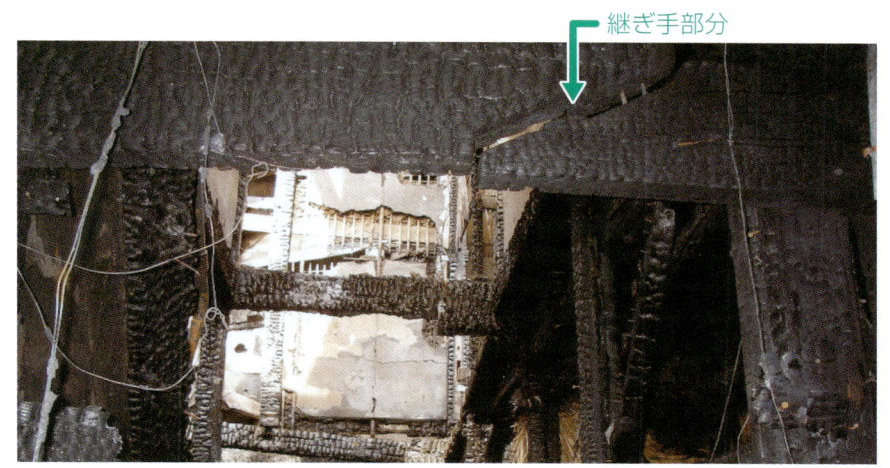

写真1-3：継ぎ手は、火災により荷重分散に偏りが生じると、いとも簡単に外れてしまう。

(4) 床

　床材は、い草畳と化学畳、フローリングなどがあり、梁などの上に枕木（根太）を張り、その上に敷き詰められるのが一般的である。火災や消防活動による床抜けを考えた場合、い草畳と比較して、化学畳やフローリングは強度が弱いと考えられる。

　化学畳はビニル製品でできており、密度も薄いため、全体としてい草畳と比べ燃えやすいばかりでなく、湾曲しやすく、少ない荷重で床抜けが発生しやすい。

　また、フローリングの場合、板厚が薄く、放水した水が浸透しやすい上、下部の間隙に断熱材として綿状のグラスウール等を敷き詰めていることが多いため、その断熱材が放水した水分を吸収して重量が増加し、床抜けにつながりやすい。（写真1-4）

写真1-4：フローリングの床板は薄く、水が染み込むことにより床抜けしやすい。

4 建物構造、燃焼現象に関する知識の消防活動への反映

　出火報により出場した消防隊が、実態把握としてこれらの構法を見分け、倒壊、床抜けの可能性を事前に把握することは非常に困難である。

　社会情勢の変化により、木造建築物の様態も木造枠組壁構法（ツーバイフォー）の普及に代表されるように、壁体に耐力を持たせた分、柱が細く、また金具を多用している建物が増えている。これらのことから現在は従前と比べて地震には強いが火災には強いとはいえないことを前提に安全管理に最善を尽くさなければならない。

　燃え抜けた屋根の部材（瓦、垂木など）や建物上階の収容物の重さ、床の焼きの状況、たわみや軋み音には従前から十分な注意が払われてきた。そうした先人から伝えられるプロの消防としての経験と建物構造上の重要な箇所と燃焼特性に係る知識を隊員一人ひとりが併せ持つことにより、より深い洞察力を持った安全な消防活動を展開していくことが肝要である。

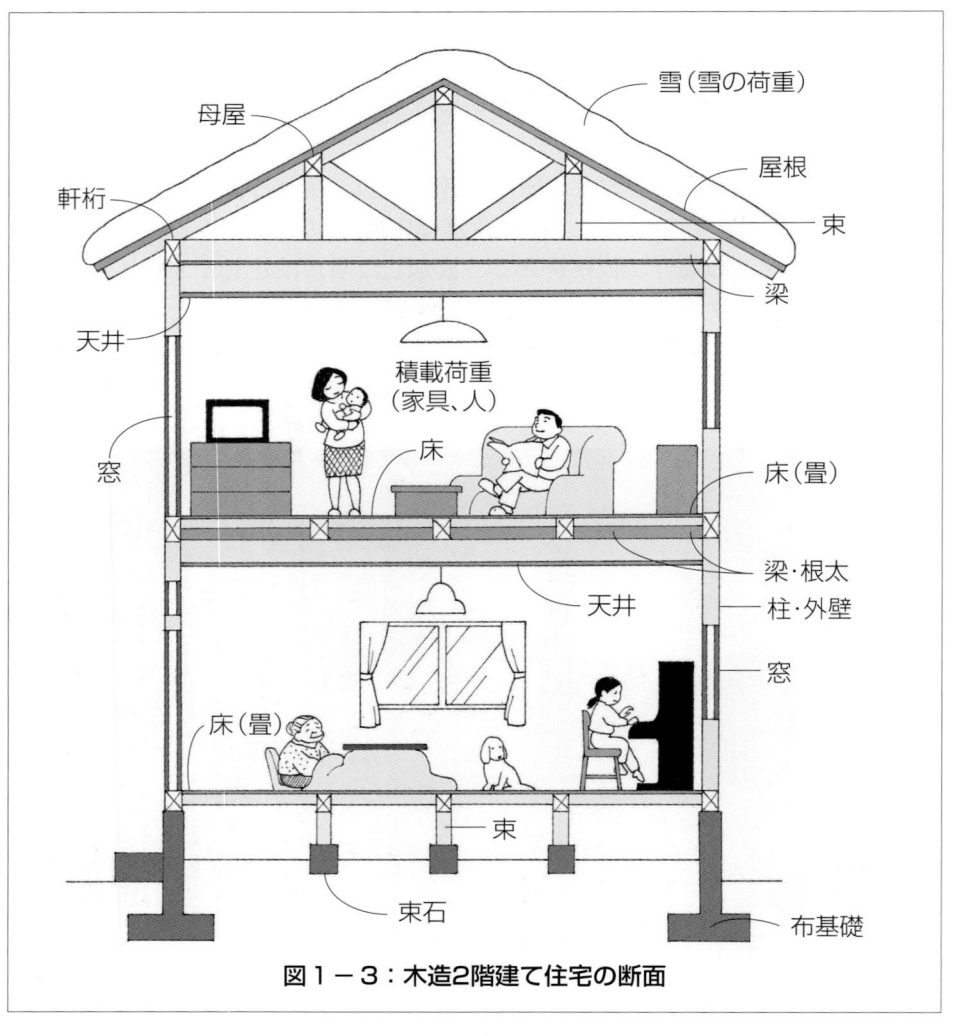

図１－３：木造２階建て住宅の断面

第2章　火災現場における柱やほぞの焼け細りに対する科学的解明

　一般に、木造住宅の柱や梁等に用いられている断面の大きい木材や集成材が火炎に曝された場合、内部に向かって炭化が進行する速度は毎分0.6から1.0mmといわれている[10]。一方で、いったん火に曝されて表面に炭化層を形成した木材は、炭化層の熱伝導率の低さや空気を遮断する特性から内部まで火が入りにくく、よほどの熱でない限り芯まで燃え尽きることは起こりにくいようである。多くの全焼火災において、壁や床が完全に焼け落ちているにもかかわらず柱や梁だけが残っているのは、このことからである（写真2－1）。

　しかしそのような場合であっても、ある予測不能な外力によって強度が低下し、倒壊に至ることで、落下物の下敷き等による重大な受傷事故につながることもあるため、木材の焼け方や強度の変化について指揮者や隊員一人ひとりが把握しておく必要がある。

　また、木造建築物において柱と梁、束等の部材を接合するほぞは、柱や梁と同様、建物構造の安全性を大きく左右する箇所である。

　ここでは木造住宅における柱やほぞの燃え方、重量の変化、消火用水の浸透による重量の変化を考察するとともに、さらに焼けが入った後の柱やほぞの強度の変化を考察する。

写真2－1：柱や梁が残った焼け跡

1　木材の炭化速度

　木材を表面から熱すると、炭化層を形成しながら次第に内部へ進行していく。しかし、燃焼により形成された炭化層は、空気を遮断する性質があるため、木材の内部に向かい炭化が進行する際、炭化速度は遅くなる。

　乾燥した状態の木材を気流のない条件のもとで熱すると、炭化層の厚さ（炭化厚）は、以下の式で表される[8]。

$$d = \alpha \left[\frac{\theta}{100} - 2.5 \right] \sqrt{t}$$

$$\left(\begin{array}{l} d \cdots 炭化厚〔mm〕 \\ \alpha \cdots 木材ごとの係数（スギ1.00、マツ0.78、ヒバ0.60） \\ \theta \cdots 加熱温度〔℃〕 \\ t \cdots 加熱時間〔分〕 \end{array} \right)$$

　一定の温度で加熱した場合にこれを視覚的に表すと、図2－1のようになる。

　図2－1からも分かるように、建物に使用している素材により炭化の度合いが異なるために一概にはいえないが、木造建物火災の場合は最盛期にいたる前は室内燃焼で空気量の減少もあることから、炭化速度は毎分0.6から1.0mmと推測できる。

　例えば、直径12cmの柱が30分間火炎に万遍なく曝された場合、36mmから60mmの炭化厚が予想され、残存している実質的な柱の直径は6cmから8.4cmとなる。さらに、強度は柱の断面積に比例するから、元の柱の強度の半分から4分の1にまで減少することが予想される。

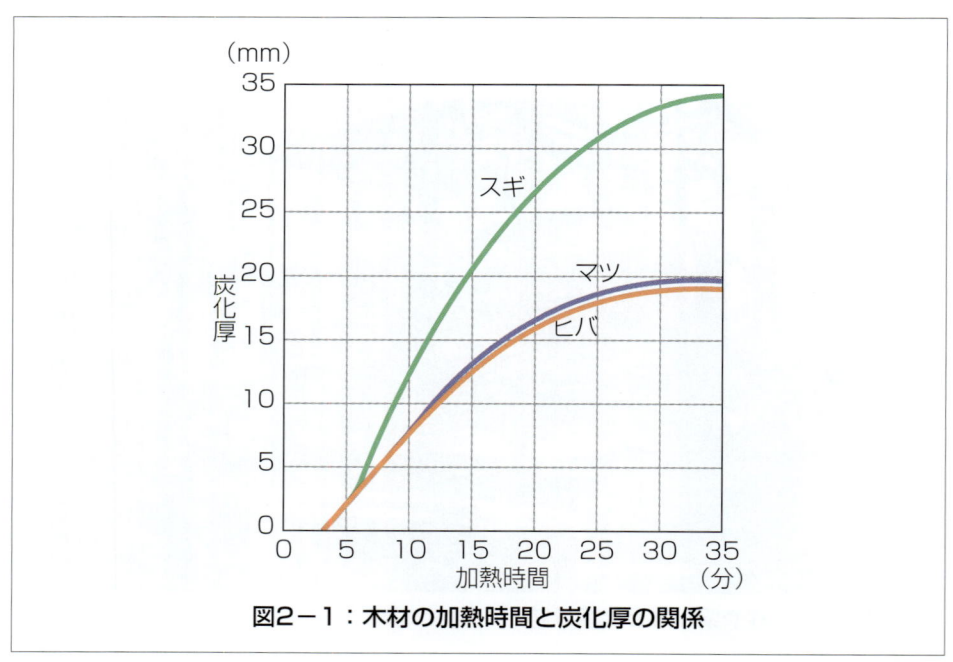

図2－1：木材の加熱時間と炭化厚の関係

2　柱、ほぞの焼け細り

　木造建物火災の場合、火炎は上方が下方よりも高温であることから、柱の上部の焼け細り（炭化）が速く進行する。このため柱の未燃焼部分は円錐形（若しくは角錐形）となり、上方の強度は弱まる。

　また、ほぞは、平常時はしっかりと接合され十分な機能を果たしていても、柱や梁が焼け荷重的な不均衡による変形が原因でほぞに間隙が生じると、その部分に火が入ってしまうためにほぞも焼け落ちる。この際、柱や梁と比べて寸法が小さい分、炭化速度も速いことが予想される。

3　ほぞの焼け細りと強度低下

　わが国で木造住宅の柱や梁に使用される木材はヒノキ、スギ、ナラなどに代表されるが、これらは比重や含水率、年輪間隔などが異なり、したがって、部材としての強度も異なる[9]。

　木材の部材個々としての強度は建築構造分野において耐力実験が数多くなされており、例えば18mm角のせん断荷重は、ヒノキ3.55kN（約360kgf）、スギ2.88kN（約290kgf）、ナラ5.55kN（約570kgf）程度と示されている。

　しかし、ほぞは柱や梁と比べて非常に細い部材である。したがって、平常時は十分の耐力を有するほぞも、柱、梁の変形等により隙間が生じ、火が入り炭化が進行すると、柱や梁と比べて強度の低下が著しい。

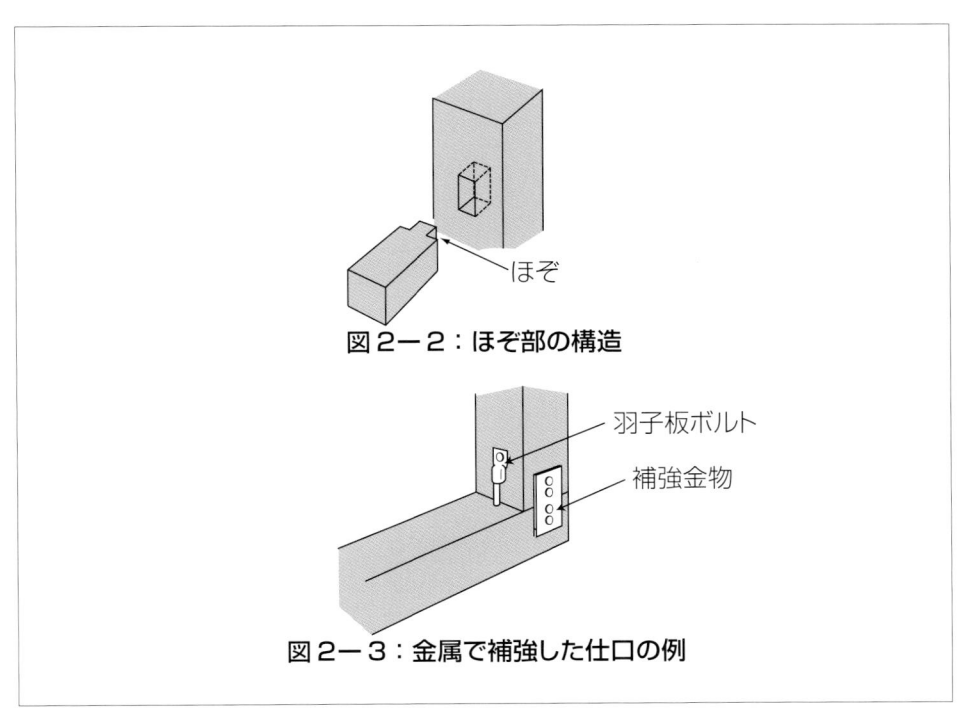

図2－2：ほぞ部の構造

図2－3：金属で補強した仕口の例

4　金属による補強材への留意事項

　木造建築物の軸組の継ぎ手・仕口は、従来は金物を用いずに接合していたが、現在では釘、ボルト、かすがいなどの金属を用いて補強しているものが多い（図2－3）。
　しかし、金物の溶融温度は概ねアルミ700℃、鉄1,200℃位であることから、高温の火炎に曝されると、強度が著しく低下する。
　換言すると、**木造住宅火災における残火処理活動を行う活動隊は、柱や梁の強度は大幅に減る一方、これらにかかる外力は増えていることに十分留意しなければならない。**

第3章　理論的根拠に基づく倒壊危険把握要領

　木造建築物の倒壊・崩落は、その建物の壁量、壁配置、建築に使用される部材の種類、鉛直荷重に対する各柱の負担割合、柱と梁・桁等の接合部の拘束効果など、様々の要因により左右されるが、これらの要因と構造物の座屈形式や鉛直最大耐力の関係は明確になっていない。そのため、消防活動時においては、より安全を重視した危険予知が非常に重要となる。

1　木造住宅の耐荷重（どれくらいの荷重に耐えられるか）

　これまでに発生した豪雪地域での積雪荷重による木造住宅倒壊の例によると、木造住宅の倒壊はおよそ3.0m～7.1mの積雪で倒壊が発生しており、これを重量に換算すると、1m²あたり900kg～2,100kgの荷重で倒壊していることになる。また、例外的に壁量の少ない木造住宅において積雪0.2m（重量に換算して1m²あたり60kg）という軽い荷重で倒壊した例もある。
　図3－1に鉛直荷重の伝わり方を示す[1]。

2　火災による柱、梁の強度変化及び留意点

　通常時には相応の耐力を有する建物も、火炎に曝されることにより梁や柱の強度は低下する。ただし、柱の強度はおよそ断面積の減少に比例して弱くなることから、おおよその察しがつくものの、梁などの横架材にあっては部材内部に「曲げ」の力が発生しているため目視による判断が難しい。
　部材の種類や経年程度により強度や水分含有量は異なるので判断基準を明確に示すことはできないが、30分間火炎に曝された梁の強度は、従前に比べて半分から4分の1以下になることが分かっている[10]、[11]。
　ここで留意すべき事項は、柱や梁を接合するほぞの存在であるが、当然ほぞは柱や梁より細いために、焼けの進行の速さや強度の低下は著しい。したがって、例えば柱や梁が火炎に曝され撓みが生じることにより接合部に微細な間隙が生じた場合、そこに簡単に火が入りほぞが焼け落ちてしまう。このような場合、柱や梁の残存強度にかかわらず床抜けや部分的な倒壊が発生してしまう。

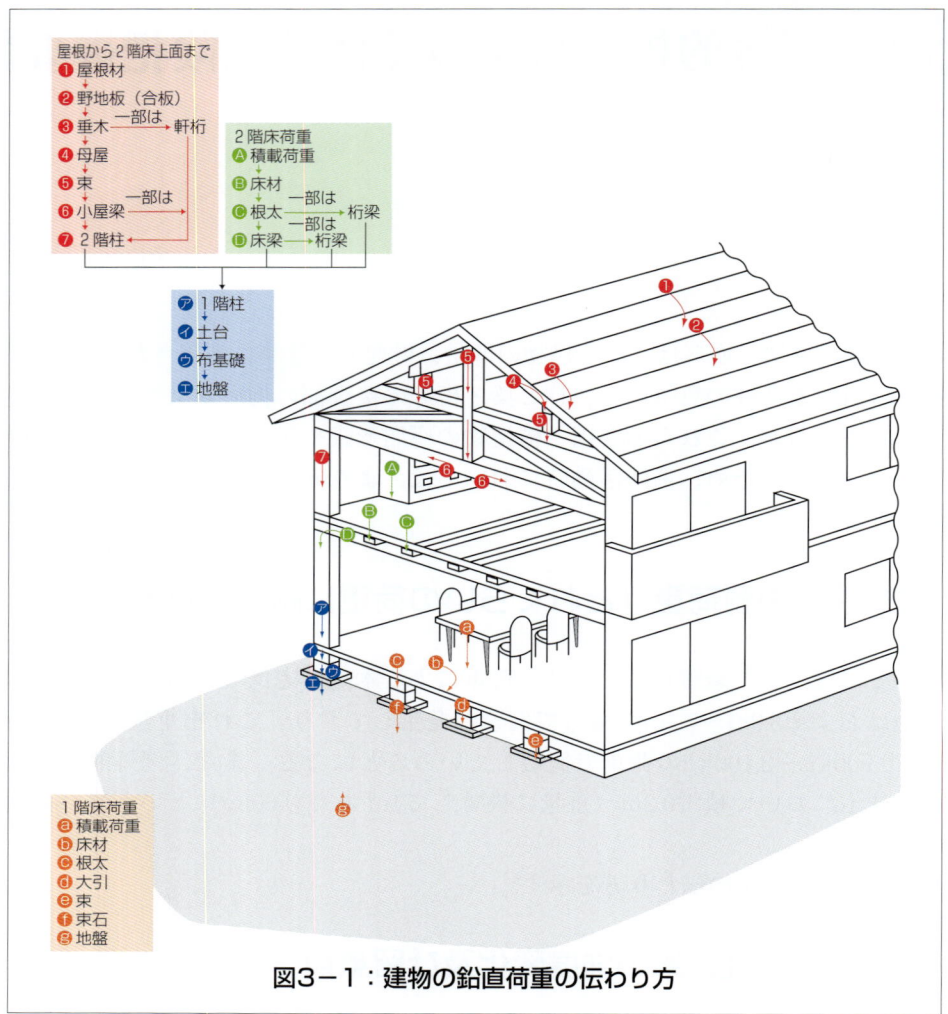

図3-1:建物の鉛直荷重の伝わり方

3 木造建物の倒壊・崩落のパターン・メカニズム

　火災による木造住宅の倒壊や崩落は、梁や柱等の焼けによる強度の脆弱化及び建物の自重をはじめ、もともと存在した家具類などの収容物や放水による重量増加、活動隊員の人的荷重の増加が原因で発生すると考えられる。

　倒壊・崩落パターンは、
① 建物全体が倒壊する場合
② 床抜け、柱や梁の座屈等の部分的な倒壊・崩落
③ 部分的な座屈に端を発し、建物全体の倒壊に至る複合座屈

と、様々である。火災の場合、局所的な座屈から大規模に拡大する複合座屈を生じやすいと考えられている。

　次に、2つの倒壊・崩落にいたるメカニズムを示す。

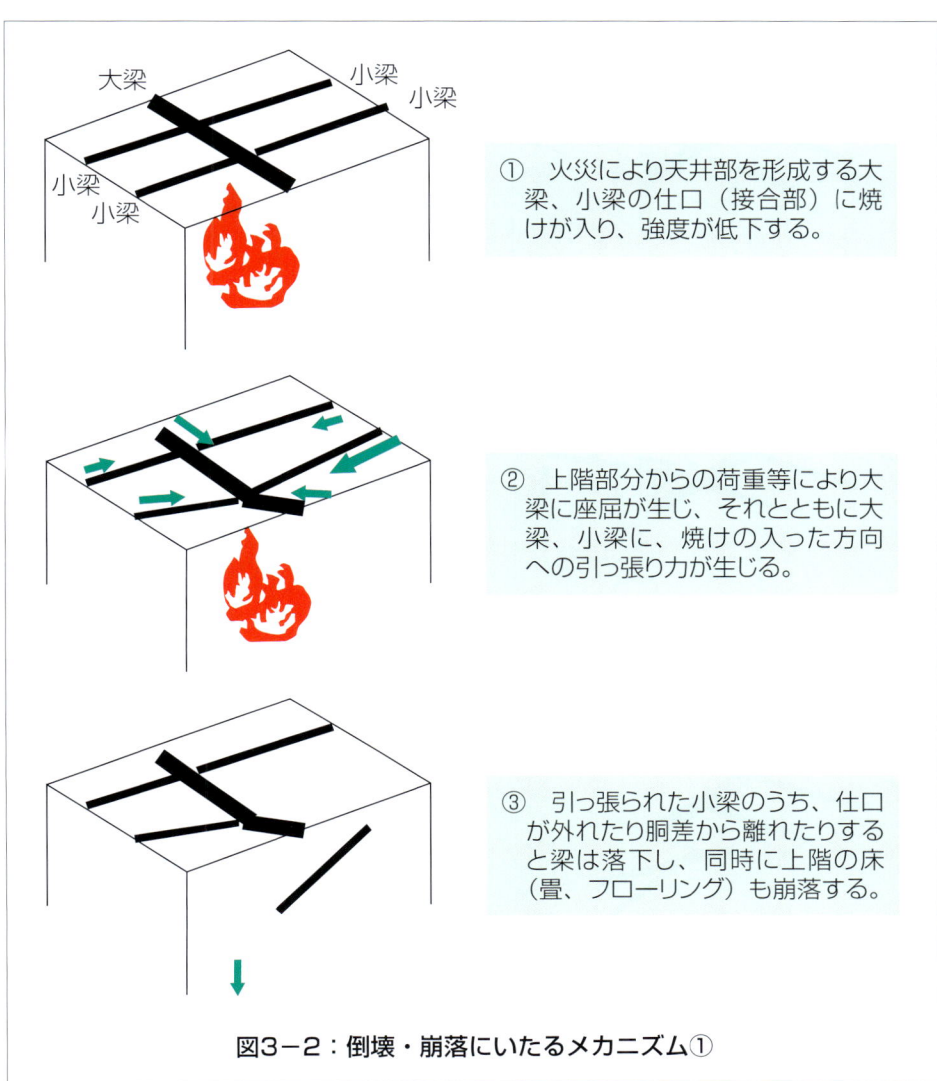

図3-2：倒壊・崩落にいたるメカニズム①

　図3－2は、梁の仕口部分が焼けることにより強度が弱まった上、そこに荷重が集中することによって梁に半座屈が生じ、その影響で梁の末端部の仕口、胴差等の繋留物が外れ、支えていた床と一緒に崩落するパターンである。

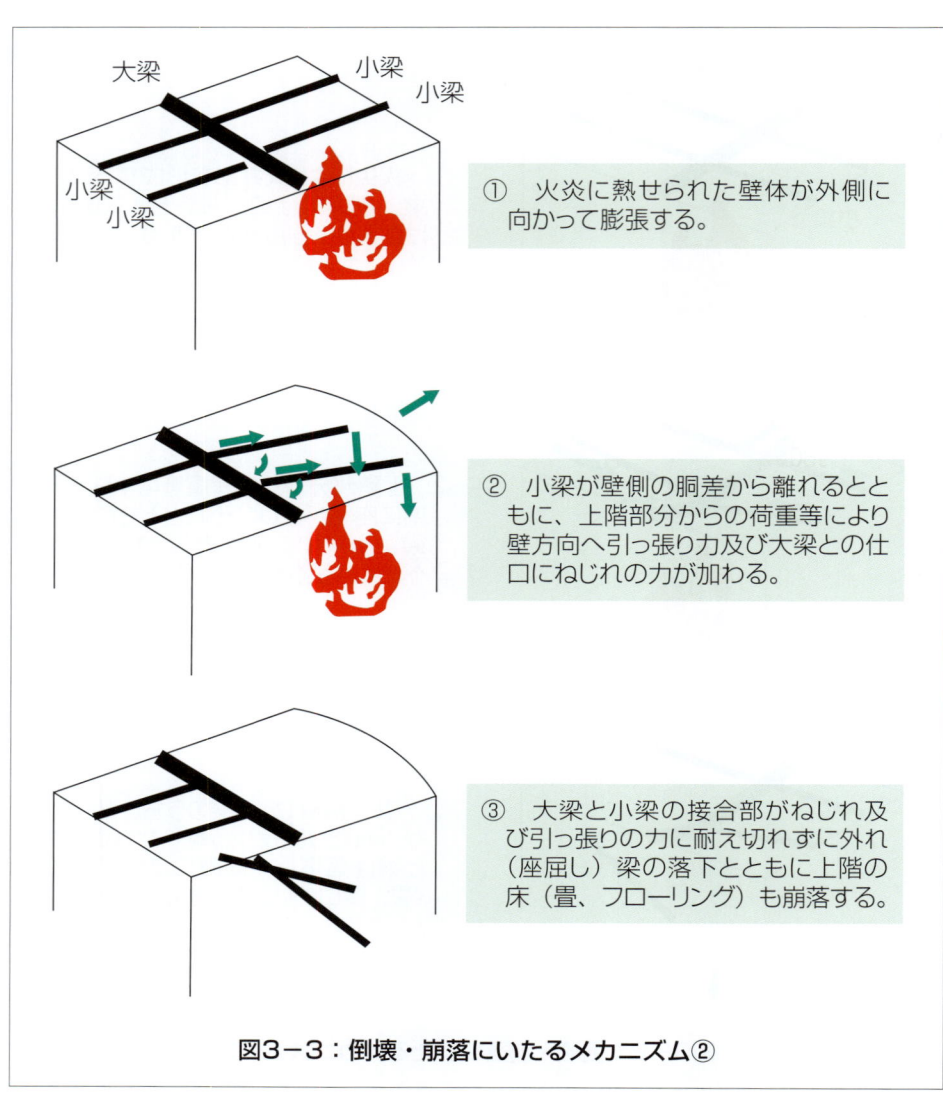

図3−3：倒壊・崩落にいたるメカニズム②

　図3−3は、火災の熱により壁が内側から外側へ向かって膨張し、梁の壁側の仕口や胴差への繋留部分が外れ、荷重が局所的に加わることにより座屈を生じ、床とともに崩落するパターンである。

4　倒壊・崩落を引き起こす荷重の種類

（1）　建物内の積載荷重の量

　一般に建物の荷重を表す場合、構造物そのものの重さを表す固定荷重と、家具や布団、衣類、雑品などの屋内収容物を示す積載荷重がある。

　この荷重についても建築年代や建築構法、使用材料などによって建物ごとに千差万別であるが、木造建築物1階層ごとの1m²あたりの平均的な固定荷重は概ね100kg、積載荷重は30kg程度とされている[4]。

　また、屋根についても、瓦屋根の場合、概ね洋瓦で1枚1～2kg、日本瓦で1枚3kgであるため、1m²あたりの重量はおよそ30～50kg、またそれを支える根太板等については1m²あたり約30kgの荷重があり、屋根が焼け抜けた場合及び危険を排除するために屋根からこれらを落とした場合、瓦や根太板の荷重がそのまま直下階の床にかかることになる。

写真3-1：屋根が抜けたことにより、瓦が室内に堆積したもの。これらの荷重も床抜けの原因となる。

写真3-2：堆積物に目が行くが、床板が胴差から外れており、床抜けの危険が非常に大きい。

（2） 消火活動に用いる水量、活動隊員の重量

　消防活動に要した放水量も、建物の倒壊・崩落を考慮する際には無視できない。そこで東京消防庁での過去3年間（平成15年から17年）で50m²以上焼損した木造火災195件について、焼損面積と放水量の関係を図3－4に示す。

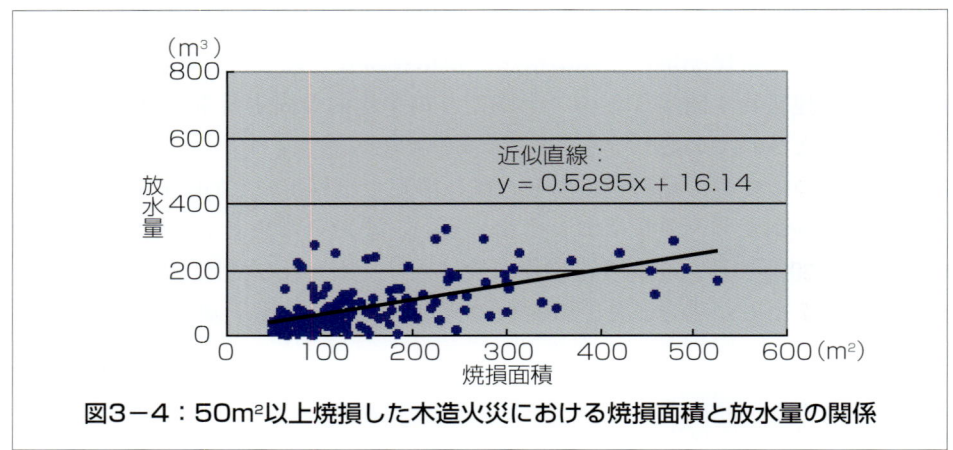

図3－4：50m²以上焼損した木造火災における焼損面積と放水量の関係

　この結果から、延焼の様態は火災ごとに異なるため放水量に幅が生じるものの、これを一意に表現した場合、放水量（y）と焼損面積（x）との関係は

$$y = 0.53x + 16.1$$

という近似式が得られ、50m²以上焼損した木造建物火災の場合、焼損面積1m²あたり概ね0.5m³、重さにして500kgに相当する放水がなされていることになる。

　放水した水は多くが屋外へ流れ出るので、1m²あたり500kgすべての荷重がかかっているとはいえないが、布団や畳などの収容物が最大限に水分を吸収し、重量が増加するのに十分な量の放水がなされているといえる。このことから、例えば1、2階などで隊員が立体的に活動を展開している場合、1階で活動をする隊員は天井落下に、2階で活動している隊員は床抜けに最大限の注意を払う必要がある。（写真3－3）

写真3－3：消火活動の後、室内に滞留する消火水

5　倒壊危険を把握するために消防隊員が着目すべき点

　これまで倒壊、崩落のメカニズムについて記述したが、床抜けや建物の倒壊が発生した場合、付近にいる隊員には、人間の耐え得る重量をはるかに上回る重量物が落下物として襲いかかる。

　床抜けや倒壊の可能性及び兆候を活動中の隊員が的確に見抜くことは非常に難しいが、床抜けや倒壊を最小限に抑えるためには、木材等で筋交いを入れるなどの倒壊・崩落抑止策と、1階で残火処理活動をする場合は2階に隊員を進入させない等の活動面での予防策を講じるとともに、指揮者は、

- 柱、梁、ほぞ部の焼け細り
- 仕口、継ぎ手の角度、隙間の変化
- 上階の収容物の量
- 軋み音の発生
- 累積放水量

などに気を配るよう努める必要がある。また、微細な気配の変化を感じ取った場合、直ちに周囲に知らせ退避する、とび口などを用いて距離を置いた作業に転じる等の安全管理を大前提とした自衛策を講じなければならない。

第4章　消防活動現場とヒューマンエラー対策

1　消防活動とヒューマンエラー

　消防活動現場は、通常のデスクワークと違い常に危険要因が潜んでいる。火災現場においては、現場全体が危険の巣窟であり、いつ活動隊員が受傷してもおかしくない状況にある。

　火災初期から中期においては、火災性状の変化に伴う火勢の一挙拡大による熱傷危険など、中期以降については、2階等からの床抜けによる転落危険やパラペットやモルタル壁の落下危険、終期は、建物の崩壊危険など、危険要因は枚挙に暇がない。

　特に、平成15年と平成18年に2階床の崩落による消防職員の殉職、負傷事故が発生しており、2階床の崩落は活動隊員の生命・身体に重大な影響を及ぼすこととなる。このことからも、建物の崩壊は、活動中の隊員に重大な結果をもたらすことは、明白な事実である。

　前述したとおり、消防活動を行う現場そのものが、様々な危険要因を内在し、活動当初から受傷リスクの高い環境であるといえる。このような環境を、本稿では不安全環境と定義する[12]。不安全環境の中では、通常の環境下（デスクワーク）においては、「失敗した」、「ヒヤッとした」で済むことが、ヒューマンエラーが発生することにより、負の相乗効果が働き、転落、転倒、落下物による受傷事故へと進展する。

　ヒューマンエラーは、人間の特性であることを十分に認識する必要がある。しかし、消防活動現場におけるヒューマンエラーの発生を最小限にすること、ヒューマンエラーが発生した場合であっても、受傷事故の発生を防ぐことが、活動隊員に限らず各級指揮者にとっても重要なことである。

2　ヒューマンエラーとは

　図4－1は、ミュラー・リヤーの錯視図である。図中の水平線は同じ長さであるにもかかわらず、見る人は、向かって上側の方が短く見えるはずである。図4－2も同様に、前面に遮蔽物があると直線がそのとおり認識されなかったり、背景の模様によって平行線が曲がって見えたりするといった錯視を心理学的に示したものである。

　このように、人間の視覚には錯視というエラーがある。錯視のメカニズムについては、

ここでは省略するが、要はしっかり見ているようで見えていないことが多いのである。

例えば、火災現場において、モルタル壁の状態を見ているようでも、亀裂には気が付かない、屋根を見ているようでも、瓦の状態まではっきりとは掴んでいないのである。

これは、心理学的にエラーと呼ばれる一例である。

それでは、次にヒューマンエラーについて、簡単な説明をしたい。

前述した視覚エラーと同様に「うっかりミス」、「取り違いミス」など、ある作業工程の中でエラーが発生した場合、人間側のエラーをヒューマンエラーと呼んでいる。

それでは、ヒューマンエラーとは、どのように定義づけされているのだろうか。

ヒューマンエラーとは、「達成しようとした目標から意図せずに逸脱することとなった期待に反した人間行動」（日本ヒューマンファクター研究所）と定義されている。

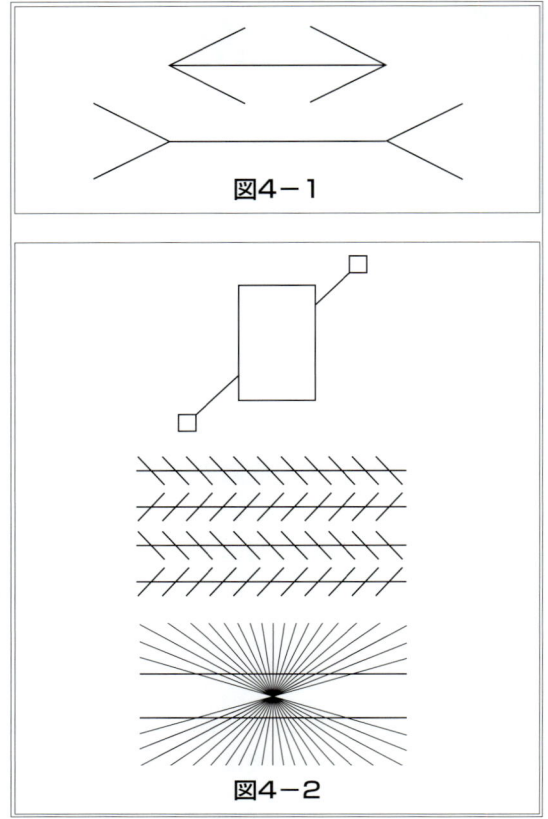

この定義からも分かるように意図せずにミスしてしまうことである。

我々人間の脳には、エラーというモードはない。常に最良の出力を発揮するようにデザインされているため、最善を尽くした結果がエラーとなったといわれている。そこでなぜエラーとなったのか、その背後に隠れている要因を究明して対策をとる必要がある。

受傷事故は、不安全環境や不安全状態の活動環境とヒューマンエラーや不安全行動の要因が複数重なることで発生する。不安全環境や不安全状態に伴う危険要因は、安全教育等による危険要因の事前認識、そして落下物の除去や活動統制等によりある程度事前に排除することは可能である。また、ヒューマンエラーは、人間の特性であることを十分認識し、エラー発生を事前に感知し、抑制することで受傷事故など重大なエラーの発生防止につなげることができると考える。

ヒューマンエラーとは、「意図せず」ミスすること
誰もが起こしてしまう人間の特性
そのことを認識することが重要

3　消防活動時の心理

　消防活動時の心理状態については、不安全環境、不安全状態という危険な状況の中で活動することから、様々な心理状態に陥（おちい）ることが考えられる。それは、経験年数、性別、年齢、性格などの要素により多少の差異が考えられるが、どの隊員にも共通する心理状態があることは予想できる。

　東京消防庁において開催された「心理学から見た消防活動現場における安全管理の在り方研究会」において、昭和54年から10年間の受傷事故事例のうち10例をモデルケースとして抽出し、それぞれについて事故発生に影響を及ぼした判断、行動の特定を試み、建設、医療、交通事故の分析手法として広く活用されているバリエーション・ツリー・アナリシス（VTA）により分析を行った[12]。

　この分析結果に基づき、消防活動時期別に心理的背後要因を「心理的要因」、「生理的要因」、「チームワーク」の3項目に分類し、更に21項目を詳細に抽出した結果が表4－1のとおりである。

　表4－1をみると活動時間の推移ごとにどのような心理状態となっているか容易に理解できるはずである。

「VTA」とは
　通常どおりに作業が行われ、通常どおりに事態が進行すれば事故は発生しないとの観点から、通常とは異なる判断や行動・状況を事故要因ととらえ、これらの要因の相互関係を時系列で示し、対策や特定すべきポイントを明確にすることを目的とした分析手段である。

　消防活動は、体力の消耗や疲労が増大するだけでなく、心理的（精神的）な負担も非常に大きいものである。そのため、**注意力、思考力、判断力等の減退とともに受傷する危険性が増大する**ことを認識し、十分な対策を講じる必要がある。

> 消防活動は、体力の消耗だけではなく、
> 心理的な負担が大きい。
> 心理状態は、活動時間で変化することを認識せよ。

表4－1：消防活動時期ごとの受傷事故の背後要因

No.	活動フェーズ／要因	現着前 階段からの転落	現着前 蓋に指を挟む	火災初期 火に煽られる	火災初期 ホース延長中の転倒	火災中期 熱風の吹き出し	火災中期 室外機の落下	火災中期 ホースを落とす	火災後期 めまい・脱力感	火災後期 床抜け	収納期 梯子収納
	心理										
1	気負い			△		○			○	○	
2	焦り・急ぎ・慌て			○		△		△	△	△	
3	使命感・危険をいとわない(危険と知りつつも敢行)	△		△				○		○	
4	面倒・近道行動・省略行動・手抜き	△				○	○	○	○	○	
5	危険性の過小評価・予測・手測の幅の抜さ	○				○	○	○			
6	過信(体力・技量・状況判断・資器材)										
7	不安・自信がない・恐怖	○	○		△						
8	油断・不注意・気軽・安易	○	○		○	○	△	○			○
9	一点集中・目前の事象にとらわれる	○	○		○	○		○			△
10	先入観・思い込み	○	○								
11	慣れ					○		○			
12	無意識行動・習慣的動作・反射的行動										
	生理										
13	覚醒水準の低下(活動開始時における)・疲労の蓄積した状態										
14	加齢に伴う機能低下						○		○	○	△
15	疲労(緊張の継続・体力の消耗・身体的負担が大きい)			○			○	○	○	○	○
16	集中力の低下(活動時間の超過に関連する)・忘却			△					○		△
17	無理な姿勢での活動										
	チームワーク										
18	上下関係(無理な頑張り・進言できない・面子・信頼)	○		○		△		△	△	△	
19	経験不足・知識不足		△	△		△	△	△	△		○
20	コミュニケーション不足・連携の悪さ							△			
21	無理のある実施方法(乱暴、丁寧さに欠ける、計画に無理がある)		○			○	△	△			

○：関与していると考えられる要因　　△：関与した可能性のある要因

4　火災後期の心理状態

　本稿では、2階からの転落、落下物、転倒等について、その時の心理状態（背後要因）に起因するヒューマンエラーとその他要因（不安全環境や不安全状態）が相乗することにより、受傷事故に発展することが予想されることから、火災後期の心理状態について考察し、対応策等に繋げる。

表4-1に示されている「火災後期」の受傷事故の背後要因としては次の3つのカテゴリーがあげられる。

心理
　気負い、危険性の過小評価、予測幅の狭さ、過信（体力・技量・状況判断・資器材）、油断、不注意、気軽、安易という心理状態が関与

〈解説〉
1　火災後期となることで、「もうすぐ活動が終了して楽になる。早く終わらないか。」という期待感で気持ちが満たされる。
2　疲れているにもかかわらず、「まだまだこれくらい大丈夫」、「こんなことくらい俺の技術からすれば」という過剰な自信がある。
3　1の安心感から来る「もう大丈夫」という気軽さや油断が生じやすい。
4　火災が終息していることから、「もう危険はないだろう」という安易な考えが生じる。

〈総括〉
　このように火災後期になると、活動隊員全体に安堵感や早く休みたいという気持ちから、集中力の欠如や油断に起因した危険要因を予見できなかったり、排除できず受傷に至ることがある。

生理
　疲労（緊張の継続・体力の消耗・身体的負担が大きい）、集中力の低下（活動時間の超過に関連する）、忘却

〈解説〉
1　緊張感が連続する火災現場において、後期ともなると肉体的な疲労のみならず、精神的な疲労が蓄積する。
2　活動が長くなれば、1に示す疲労が蓄積する。そうなると集中できていた作業に対して注意力が散漫となったり、本来すべきことを忘れてしまうことがある。

〈総括〉
　このように火災後期になると、活動隊員には、肉体的な活動と精神的な緊張感の連続により疲労が蓄積するのは、至極当然のことである。しかし、疲労の蓄積は、集中力の低下により「ボーッ」とし、隊長の下命も上の空で聞こえていないことがあり、危険な状態を判断できず、受傷に至ることがある。

チームワーク
上下関係（無理な頑張り・進言ができない・面子・信頼）

〈解説〉
　火災現場においては、強い上下関係が必要であるが、隊長に対して疲れを見せられないという無理な頑張りを継続すると、それに伴い注意力が低下する。また、隊長であれば、部下に対して疲れなど微塵も感じさせることはできないという面子により同様な状況が発生する。

〈総括〉
　消防活動という組織活動では重要な役割を担っているのがチームワークであり、チームワークが乱れることで、活動の失敗にもつながる。特に消防活動現場においては強いチームワークは不可欠であり、チームワークの繋ぎが切れることで、隊員間の意思疎通がなくなり、単独的な活動に陥りやすい。チームワークの乱れが受傷事故の発端となることも考えられる。

心理的背後要因は、
心理・生理・チームワークに分類される。
それぞれ背後要因の本質を知るべし。

5　対応策

　これまで、消防活動現場の特性、ヒューマンエラー（消防活動時の心理状態、背後要因）について順を追って説明してきた。
　ここでは、消防活動現場におけるヒューマンエラー発生に関わる背後要因を如何に抑え、受傷事故を起こさせないようにするかについて対応策を考察する。

> **心理的要因への対応策**
> 気負い、危険性の過小評価、予測幅の狭さ、過信（体力・技量・状況判断・資器材）、油断、不注意、気軽、安易・・・いかなる対策が有効か。

対　応：　残火処理時となっても、まだ活動は続いているという気持ちを継続させる。
　　　　　要は安堵感や気軽さを持たせないことである。
具体策：　活動前に隊員を一度集合させ、潜在する危険要因を具体的に示すとともに、個人装備の着装状態を相互に確認させるなど自覚を促す。

対　応：　過信による「これくらいは大丈夫」という気持ちを抑えさせる。
具体策：　隊員の表情や言動から「疲れ」の度合いを確認する。
　　　　　強制的に休憩させる。

対　応：　危険の過小評価、予測幅の狭さは、平素の安全教育の方法と火災現場での具体的な安全教育が重要である。特に、過去の事故事例を現場で直接言い聞かせることで、自らの立場に置き換えて考えることができる。
具体策：　KYT（危険予知訓練）の実施
　　　　　火災現場での具体性のある安全教育（リスクアセスメントなど）

生理的要因への対応策

疲労（緊張の継続・体力の消耗・身体的負担が大きい。）、集中力の低下（活動時間の超過に関連する）、忘却・・・いかなる対策が有効か。

対　応：　火災現場における「緊張感による精神的疲労と活動による肉体的な疲労」については、適時適切な休憩が必要である。水分補給などによる気分転換を行うことも有効である。また、平素の健康管理だけでなく、十分な睡眠と栄養補給が重要である。

具体策：　火災現場での隊員の休憩（現場指揮者による交代要員の指定など）
　　　　　指差呼称、下命事項の復唱など、注意力の回復を図る。
　　　　　屈伸やストレッチなど軽体操による気分転換（目立たないように）

チームワーク要因への対応策

上下関係（無理な頑張り・進言ができない・面子・信頼）・・・いかなる対策が有効か。

対　応：　チームワークの重要性は前述（27頁）したとおりであるが、階級社会であるが故の上下関係に基づく、「頑張り、面子、いいにくさ」が付きまとう。しかし、強い統制力を必要とする火災現場では上下関係は重要な関係である。そこで平素から風通しのよいコミュニケーション作りを図ることが重要である。また、現場におけるコミュニケーションも、お互いに「阿吽の呼吸」ではエラーの素となることから、下命⇒復唱、報告⇒報告事項の復唱を常に実践することが肝要である。

具体策：　規律あるコミュニケーション作り（信頼しあえる雰囲気）
　　　　　平素のコミュニケーションを通じて、災害現場での在り方をお互い話し合う。
　　　　　疲れているとき、「大丈夫か。」と聞かれ、はっきりと「疲れています。」と言える、また言う雰囲気作りに努める。
　　　　　復唱を求める体制と自主的に復唱する姿勢が必要である。

6　その他の対策

　ヒューマンエラーに起因する受傷事故への対応策以外にも、次のようなことは日頃から実施しておくようにしたい。

1　事故事例、火災性状の変化、崩壊のメカニズム、危険要因の把握要領など具体性のある安全教育
2　安全管理担当者（隊）による危険要因の把握と活動隊員への周知など現場での対応策
3　危険要因の事前排除など安全の先取り対応と訓練による安全確保要領
4　安全器具、個人装備等資器材の充実

　これまで主としてヒューマンエラーと消防活動について、述べてきたが、内容を読んで納得するだけでなく、火災現場等で実践されたい。
　「火災性状など物理的な危険要因」と「ヒューマンエラーそしてルール違反など不安全行動という人的な要因」を両方知り、その対策を講じることで活動隊員の安全確保に必ずプラスになると確信する。「彼を知り、己を知れば、百戦殆（あや）うからず」をまず肝に銘じて欲しい。

> ヒューマンエラーは
> 誰も避けることができないことを認識せよ。
> そして対策を立てよ。

第2編

［事例］火災現場活動時の安全管理の着眼点

　本編は、第1編に述べた内容で、ポイントとするべき箇所について、火災現場で実際に発生した事例ごとに、具体的にイラスト及び写真を用いて咄嗟(とっさ)の判断基準を示した。
　火災現場において安全を確保しながら消防活動を展開するにあたり、どのような箇所に着目すべきかの参考として、活用されたい。

事例 1

横架材に亀裂が入っていたら危険あり

（イラスト：「亀裂発見 倒壊に気をつけろ!!」と叫ぶ消防隊員）

概要と対策

　梁や垂木など横に架かっている部材に、繊維方向と並行に亀裂が入っていたら、その部材には「曲げ」の力が大きく架かっている証拠である。強度が低下している上、掛かっている力が取り除かれることはないからいつ倒壊・崩落してもおかしくない。
　すぐにその場から離れるか、隊員の安全を確保した上で資器材を用いて破壊せよ。

解　説

　梁や垂木などに代表される横架材は、柱と違い鉛直荷重を受けた際に「曲げモーメント」というねじれの力が絶えず働いている。平常時はそれらの力に耐えられるが、焼けにより強度が落ちると、働いている力に耐え切れなくなって亀裂が発生する。

　換言すると、このような状況を発見した場合は、その部材に対して上からの力が非常に大きくかかっており、いつそれが折れるあるいはとれて落下してもおかしくないととらえてよい。さらに、その部材に鉛直荷重として働いている他の部材や収容物が落下してくるので危険度は非常に大きい。

　このような場合は直ちに退避するか、安全を確保した上で、とび口などで危険を排除してから活動を続行するべきである。

写真1-1：接合部に亀裂が入った例

　写真はその一例で、棟木と垂木との接合部が燃えたものであるが、垂木の接合部に野地板や母屋の荷重が非常に大きな曲げモーメントとして働いており、ここに火が入ったことによって強度（曲げモーメントに対する耐力）が低下し、亀裂が入ったものである。

　参考までに写真のように接合部を金属で補強してあるものは、平常時は高い強度を保つが、火に曝されてその金属の融点（例：アルミ700℃、鉄1,200℃）に達すると一気に溶融し補強材の用をなさなくなるので一層の注意が必要である。

事例 2

天井の水模様を見ろ

概要と対策

　上階の消火水が染み出し、天井に水模様がついていたら、水分による天板の強度の弱まりと消火水の重量が加わり、天井が抜ける危険性が大きい。
　周囲の隊員に知らせるとともに、赤色標示テープ等により接近させないか、補強を施してから活動せよ。

解　説

　残火処理活動時又は水損防止活動時に、天井に水模様がついていることがある。もしこれが上階で放水した消火水が床下に染みているものだとすれば、水分によって天井板の強度は弱まり、かつ消火水自体の重みが荷重として加わっているため、天井が抜ける危険性が非常に大きい。このような場合、部屋の中央付近での活動を避ける。

写真2-1：天井に上階で放水した水が染み込んでいる危険な状態

　写真は、上階部分の床が焼け、下階に燃え下がっているところを消火したものであるが、放水した水が上階の床に溜まり、下階の天井に染み出しているところである。
　この状況は天井が十分に水を吸って柔らかくなっている上、天井部分に横架している白黒の梁は単なる化粧梁であるため強度はまったく期待できず、注意が必要である。

事例 3

１階も床抜けする。油断するな

概要と対策

　木造建物の場合、２階だけでなく、１階でも床抜けする。
　１階床は、視覚的に安定しているように見えても抜け落ちる危険性がある。上方ばかりに気をとられることなく、足元にも注意せよ。

> **解　説**

　木造建築物の場合、1階でも床抜けが発生し、活動隊員が土間面へ落下することは十分に考えられる。通常の家屋では基礎部分にある程度の高さを設けてから床組みを施すため、1階の床面からの落下とはいえ重大な事故につながる可能性は大きい。

写真3－1：1階に収容物がたくさん堆積している写真

　写真は、建物1階で活動している場面であるが、火災現場ではこのようにたくさんの収容物が床に堆積している。このため視覚的には床部は安定しているように見え、上方にばかり気をとられ易い。しかし、床の堆積物も十分に水を吸収し重量化していることに留意して、床が抜け落ちることを考慮した活動を行わなければならない。

事例 4

瓦は固定されていない

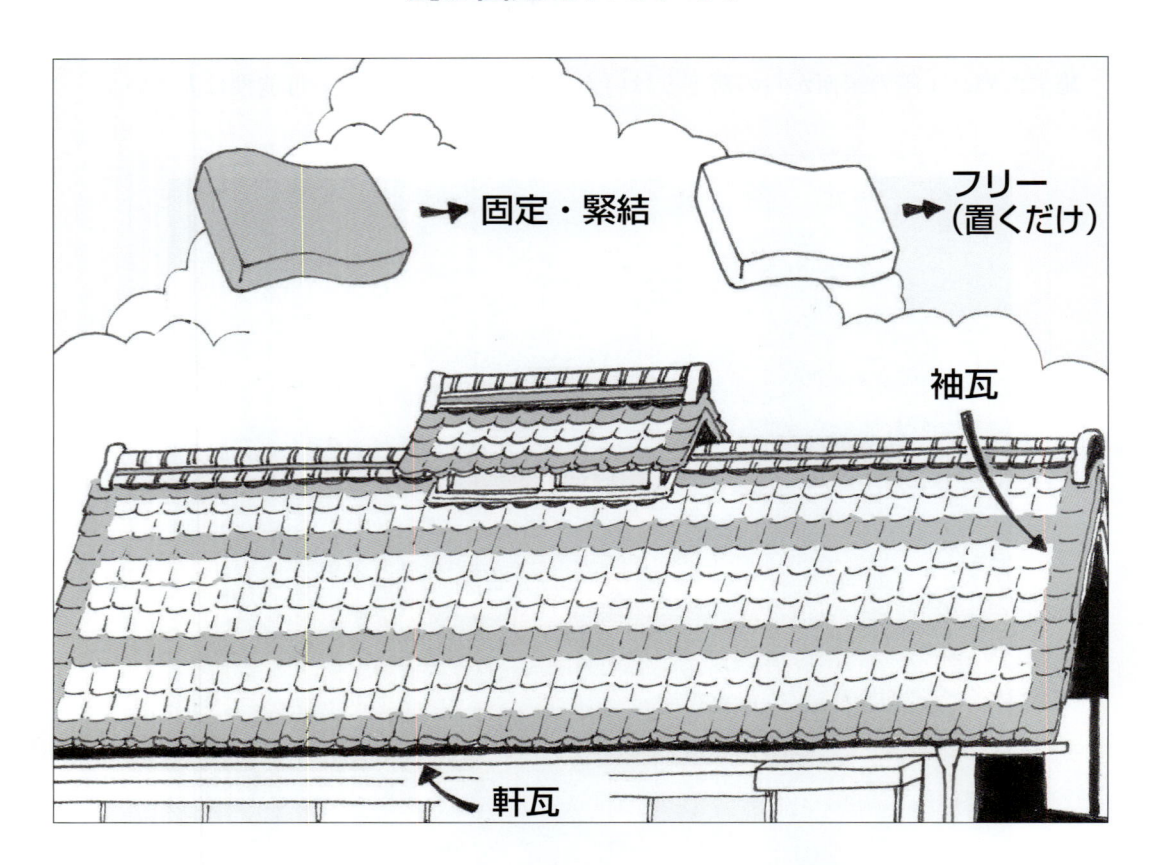

固定・緊結

フリー（置くだけ）

袖瓦

軒瓦

概要と対策

　すべての瓦が野地板に固定してあるわけではない。
　軒や棟際の部分は固定しているが、その他は固定せずに載せてあるだけである。
　屋根まで延焼している場合は、簡単に瓦が落下する。
　進入時、屋根の種類を確認するとともに、瓦の場合は上方に注意し、落下危険のある瓦は、事前に放水等で除去せよ。
　一方、軒部分の瓦を屋外から除去する場合は、瓦が次々に連鎖して落下することを認識し、周囲を退避させる等の措置をとれ。

解　説

　木造建物の屋根に瓦を葺いている家屋は多いが、すべての瓦が野地板（屋根の下地）に固着してあるわけではない。屋根の中でも風圧が強く加わる軒の部分（軒瓦）や側面の部分（袖瓦）においては釘打ち又は緊結等で固定してあるが、その他の部分は固定せずに載せているだけの場合が多い。

　したがって、火災の場合、屋根の野地板が焼損した部分の瓦は即刻バラバラと落ちてくる。

写真4－1：屋根の縁が固定されており、残りは落下してしまった状態

　写真は、屋根が抜けた部分に併せて瓦が落下した写真であるが、よく見ると縁の部分の瓦が残っている様子が窺える。このように、屋根抜けした火災や、大規模な地震などで被害に遭遇した瓦葺の家屋において、屋根の縁部分の瓦だけきれいに残っていることが度々ある。

　したがって、屋内で活動する隊員は、このことをしっかり認識し、瓦落下による受傷事故を未然に防ぐ対策をとらなければならない。

　さらに、屋外で軒部分の瓦を除去する場合は、瓦どうしが緊結してありいくつもの瓦がまとまって落下する可能性を念頭に置き、周囲に注意喚起し、退避させた後に除去しなくてはならない。

事例 5

通し柱は少ない。仕口(しぐち)に注意せよ

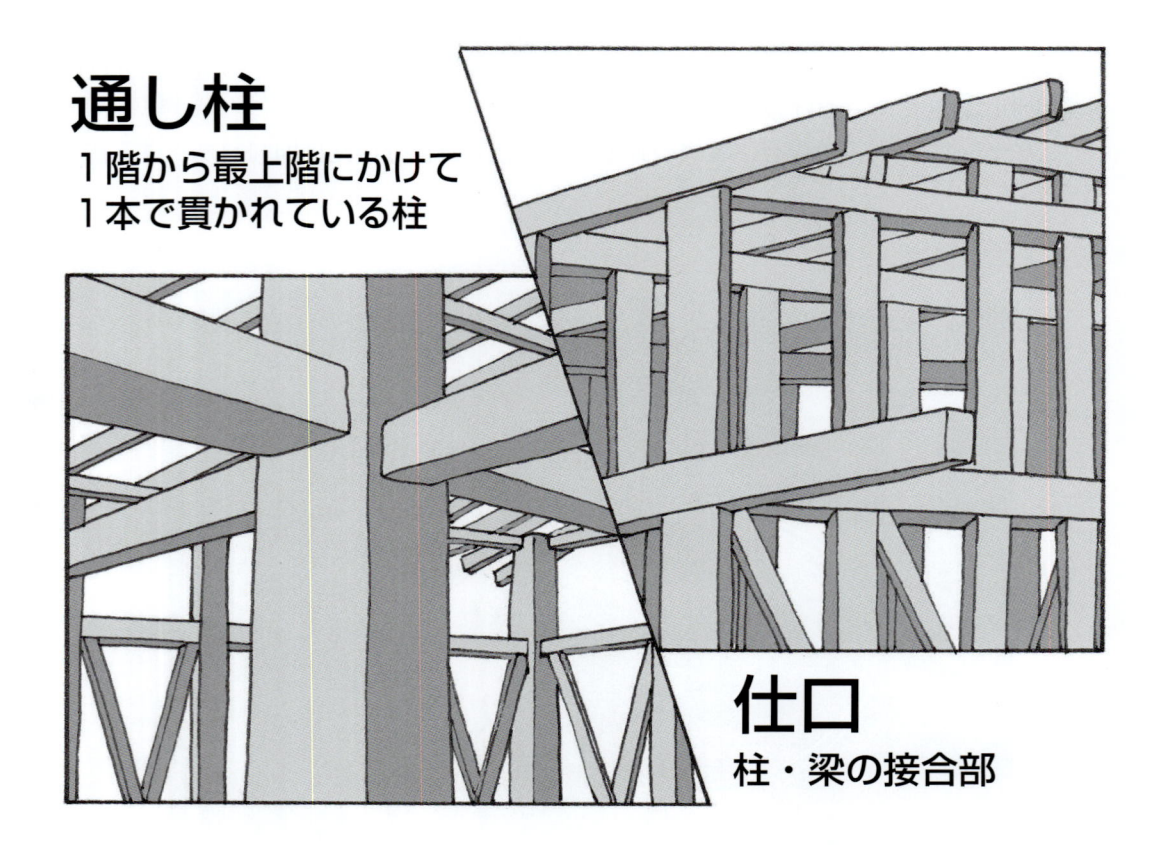

通し柱
1階から最上階にかけて1本で貫かれている柱

仕口
柱・梁の接合部

概要と対策

　2階建て、3階建ての柱には通し柱と管柱(くだばしら)がある。
　通し柱は1本柱であるため強度は強いが、使用されているのはせいぜい建物隅部の4本程度であり、他は管柱である。管柱に無理な荷重をかけると倒壊危険がある。
　2階で活動する隊員は、このことを認識するとともに、各仕口をよく観察し、危険を予知し活動せよ。

解　説

　平屋ではなく2階建て、3階建てにおいて、柱には、通し柱と管柱がある。通し柱とは上階と下階を1本の部材で通した柱で、隅部に用いる柱である。これに対し管柱とは、各階ごとに胴差しなどの横架材間に配置される柱である。

　強度は当然通し柱の方が強いが、近年建てられた住宅の場合、通し柱で施工されているのは隅部の4本程度であり、他のほとんどが管柱である。このことから、隊員が建物の2階で活動する場合、すべてが通し柱という意識があると、倒壊危険を見落とす恐れがある。

　これを防ぐためには、各仕口の部分をよく観察し、強度的な安全性を確保しつつ危険を予知しながら活動することが必要である。

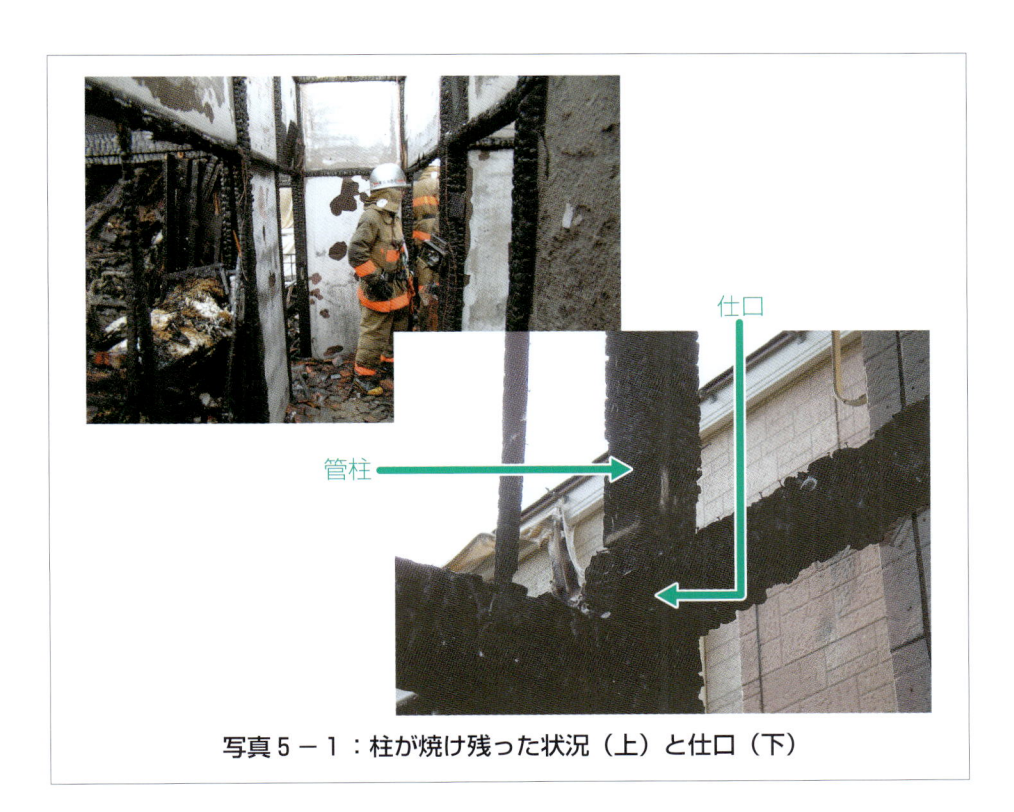

写真5-1：柱が焼け残った状況（上）と仕口（下）

　上の写真の状況は、柱の多くが焼け残っており、一見強度が保たれているように見えるが、ほとんどは横架材等の上に継がれた柱（管柱）であり、見た目ほどの強度はなく、注意を要する。

　下の写真は、管柱である部分の仕口である。横架材の上に、垂直方向に柱が接合されているため、通し柱と比較して仕口の部分から折れ（倒れ）やすい。

　仕口は家屋の中で多くの箇所に存在するため、それだけ潜在する危険箇所も多いといえ、活動隊員が重点的に着目すべきところでもある。

事例 6
現代風の住宅は、軽い反面、強度が弱いことがあると認識せよ

単一木材

集成材

集成材は、曲線部材など任意に形状を作れる

概要と対策

　近年建てられた住宅は、従来の家屋と比較して、梁、柱、壁、床とも集成材を多く使用しているため、火炎に曝されると強度低下が著しいことがある。活動隊はこのことを認識して活動し、壁体等の落下危険に対して、赤色標示テープ等による進入統制や事前排除を積極的に実施せよ。
　また、三連はしごの架てい位置は、強度を確認してから実施するとともに、上階への進入時には、足元の強度を再度確認せよ。

解　説

近年建てられた住宅（壁にサイディング材、屋根にコロニアル葺きを使用していることが多い。）は、全般的に梁や床に対しても従来の家屋に比べ細く軽い材料を多く集積した集成材を使用して建築していることが多いため、燃える速度は速いことがある。

この種の家屋は梁や柱、壁、床ともに燃えた際の強度が従来の建築物より低い可能性があるという認識が必要である。

写真6-1：1・2階が延焼し、外壁剥離（はくり）、屋根の浮きが発生している住宅

写真は、1・2階が延焼した住宅で消火活動を行っているものである。主に2階部分が激しく焼損していると見られるが、1階部分の玄関や窓から熱気が出て焦げた跡があることから、2階部分の軒にも火が回っている可能性を予知し、建物全体の強度が弱まっているという認識が必要である。

三連はしごを架ていする位置は慎重に選び、窓枠に固定するなどの転倒防止を図るほか、ホース落下防止のための結着の場所は強固なものに施さなくてはならない。

また、架ていや結着後も強度をよく確認するなど、安全確認をしっかり行い、壁体の剥離等に関しては赤色標示テープ等による進入統制やとび口を有効に活用した強制排除をすることが大切である。

事例6　現代風の住宅は、軽い反面、強度が弱いことがあると認識せよ

事例 7

天井の断熱材はできる限りとび口等で除去せよ

概要と対策

　断熱材は、非常に水を吸収しやすく、消火水を大量に含んだものが下階で活動している隊員に落下すると危険である。
　大量に水を含んだ断熱材等を確認した場合は、上下間で連携を図った後、とび口等であらかじめ除去してから、活動を再開せよ。
　また、上階でも相当の放水がなされている可能性を考慮し、上下間での連携を強化し、床抜け等による受傷事故を防がなくてはならない。

解　説

　天井と上階の床の間隙に断熱材としてグラスウール等を敷き詰めている家屋は多い。
　これらの断熱材は綿状であり非常に水を吸収しやすいため、上階で放水した消火水を吸収し重量が増したものが、下階で活動している隊員に落下すると危険である。

写真7－1：天井が焼け、内部から露出し垂れ下がっている断熱材

　写真は、火災現場で焼けた天井裏から断熱材が露出し垂れ下がっている状況である。これらは水分を十分に吸収しているため、非常に重量が増している。この水を含んだ断熱材の存在に気付かずに活動を継続していると、突然頭部へ落下するなど、重大な受傷事故につながる可能性は大きい。活動隊員はこのような状況に遭遇したら、安全監視を行いながら、早急に除去するなどの対応策をとる必要がある。
　同時に上階の床抜け等が発生するだけの放水量も懸念されることから、上下階の隊員間の連携も密にし、床抜け等による受傷事故を防がなくてはならない。

事例 8

隊員は床抜けした付近に集中せず、床抜けの連鎖を避けよ

（イラスト内セリフ）
- 床抜け標示テープ設定
- 了解

概要と対策

　火災によりダメージを受けた建物の柱や梁の強度低下は著しく、強度が低下している部分に荷重が集中することにより、床抜けが発生する。床抜けした付近は強度が低下していることから、その部分に隊員が集中すると床抜けの連鎖が発生する可能性がある。

　早期に情報を周知するとともに赤色標示テープ等による進入統制を行え。

解　説

　床抜けは梁の仕口部分が焼けることにより強度が弱まったり、火災の熱により壁が内側から外側へ向かって膨張し、梁の壁側の仕口や胴差への繋留(けいりゅう)部分が外れたりした上、そこに荷重が集中することによって発生するが、焼けや水の浸透により床抜けした付近は、たとえ小さな床抜けでも当然強度が弱くなっている。

　したがって、床抜けが連鎖しやすくなっており、そこに活動隊員が集中することは非常に危険性が高く、絶対に避けなくてはならない。

写真8－1：小さな範囲で床抜けが発生している現場

　写真は、小さい範囲で床抜けが発生している様子である。このような現場では、任務を分担し速やかに赤色標示テープ等による明示を行い、活動隊員に周知するとともに、隊員が一極集中しないよう呼びかけ、努めて自己確保をとり活動する必要がある。

事例 9
電線の垂れ下がり－落下物は収容物だけではない

概要と対策

　火災現場における落下物というと瓦及び収容物を意識しがちだが、これらのほかに電気配線等への注意も忘れてはならない。
　垂れ下がった電気配線が通電状態ならば感電危険、通電状態でない場合でも配線にひっかかり転倒する等、受傷危険が存在する。
　垂れ下がった電気配線を発見したならば、見過ごすことなく速やかに電気事業者の早期要請を図り、電源遮断後の活動に配意せよ。

解　説

　建物には収容物のほかに電気回線、水道管、ガス管のように生活を営むためのライフラインが張り巡らされている。火災によりこれらの部分が露出することから、落下物等以外にも配慮し、電気事業者などの関係機関と連携を密にして危険を排除しなければならない。

写真9－1：天井・屋根の焼け落ちとともに垂れ下がった電線

　写真は、火災現場において天井・屋根の焼け落ちとともに電気配線が垂れ下がっているものである。このような場合、指揮者等はあらかじめ電気事業者と接触し、通電状態か否かの確認後、通電停止措置を依頼するなど、感電危険の除去を図らなければならない。
　残火処理時は活動隊員の疲労がピークに達している状態であり、しかも倒壊・崩落危険の高い状況の中での活動となることから、安全管理担当者（隊）による安全監視が非常に重要である。
　さらに、この写真の状況では、警戒のための余裕ホースを十分にとった上でホース破断防止に配慮するとともに空気呼吸器の早期離脱等、活動隊員の疲労軽減に考慮する必要がある。

事例 10
コロニアル葺きの屋根崩壊は大規模になる可能性がある

「屋根の中央が沈んでます!!」

概要と対策

　火災現場においては、延焼状況等の確認のみならず建物構造についても十分把握しなければならない。
　特にコロニアル葺きの屋根は瓦葺き屋根と異なり、全体が崩落する危険性を秘めていることから、残火処理活動前には、焼けた状況を十分確認し、安全を確保したうえで隊員を進入させよ。

解 説

　コロニアル葺きの屋根は、瓦屋根と比較するととても軽く、近年多用されているが、その反面、屋根全体がまとまって崩落する危険性を秘めている。屋根上など、上部で活動する隊員は、屋根全体の変形等を十分に監視するとともに、自己の安全確保に配慮しなければならない。

変形部分

写真10-1：1・2階が延焼し、外壁剥離、屋根の浮きが発生している住宅

　この写真の焼けの状況から分かることは、右側の瓦屋根の崩落は容易に予見できるが、さらに左側の棟に関して、屋根の梁（棟木部分）に湾曲が見られることから、屋根が一気に崩落する危険性が窺える。
　屋根が崩落した場合、内部の隊員のほかに、隊員3名が活動している場所が構造的なバランスを失い、建物中央側に倒壊するおそれがある。
　この状況での活動は、三連はしごの転倒危険、ベランダ枠損壊による転落受傷危険、風下側の隊員の煙吸引による受傷危険など、非常に多くの危険性が潜在する。特に屋根の崩落危険には十分注意する必要がある。安全管理対策としては、安全管理担当者（隊）による屋根崩落に対する監視活動、設定箇所の強度を確認した確実な自己確保、必要最低限の人員での活動、風下側の隊員の面体着装、放水による危険の排除などが挙げられる。

事例 11

グラスウールの危険性を見極めよ

概要と対策

　天井裏には、断熱材としてグラスウール等が敷き詰められていることがある。
　グラスウールは、火炎に曝されて溶けた後、冷えて固まった場合、非常に鋭利な落下物へと変貌することを見落とすな。
　活動隊員は、上方に注意し、防火衣の襟をしっかりと立て顔面保護板を下ろして活動せよ。

解　説

　現代の住宅には断熱効果を上げるために各階の天井裏にグラスウール等を敷き詰めている建物が多く、火災になると、敷き詰めたものが天井から垂れ下がり、落下することになる。

　グラスウールは石膏ボードと同様、それほど重量を持ったものではないため、防火帽をしっかり着装することで、受傷事故を避けられると考えられるが、一度火炎に曝されて溶融した後、温度低下に伴い凝固した場合、非常に鋭利な落下物となる危険性がある。屋内で活動する隊員はその危険性を見落としてはならない。

写真11－1：一部溶融し、鋭利性を帯びて垂れ下がっているグラスウール

　写真は、一度溶融した後に内部温度の低下により凝固して垂れ下がったグラスウールである。

　木造建物火災は、最盛期で1,000℃を超えるが、グラスウールは約500℃で溶け出す。これが内部温度の低下により凝固した場合、下に尖ったガラス片と同様の性質を持つことになるので、非常に危険である。この状況下で活動する隊員は、防火衣の襟を立てて正しく着装するとともに、しころ、顔面保護板を確実に設定して活動にあたらなくてはならない。

　また、写真では、照明器具の露出も見られることから、通電状況を確認するため電気事業者と連携を密にし、感電防止を図らなくてはならない。

> 事例 12

畳の抜けは、根太への引っ掛かりに左右される

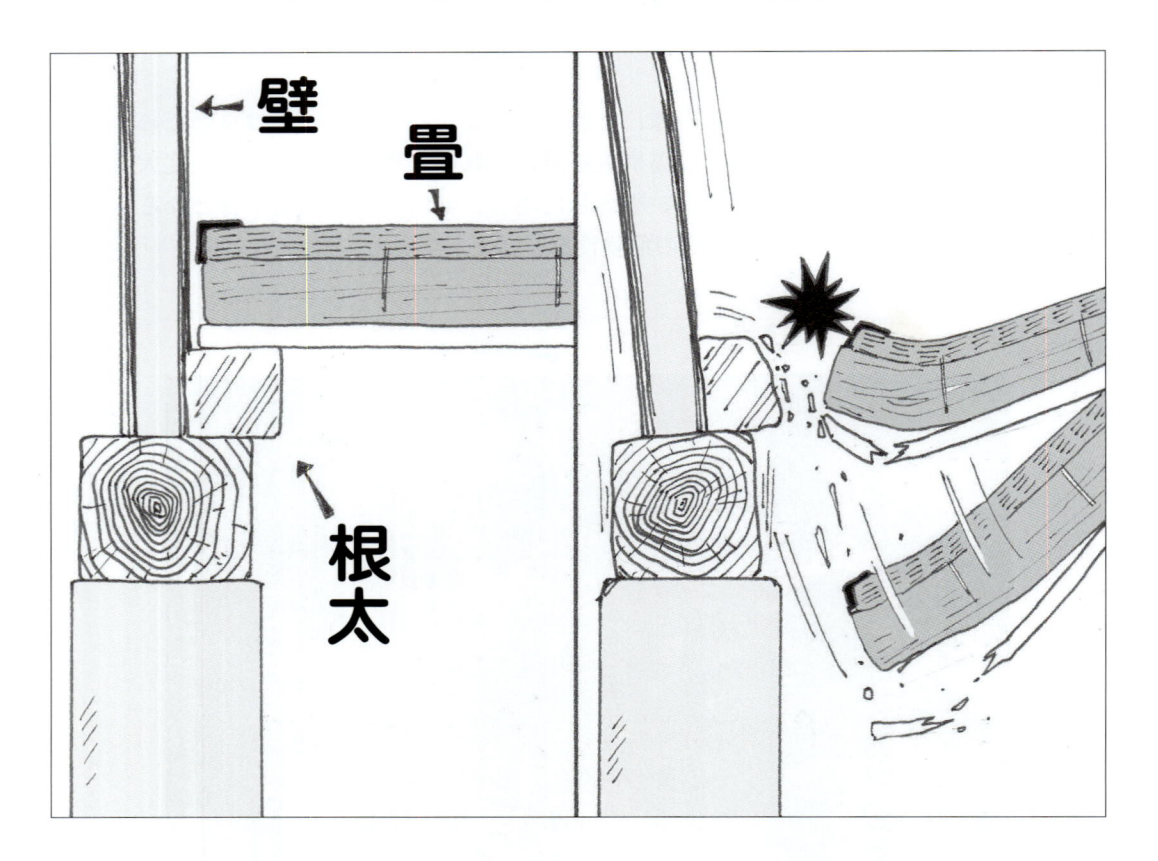

概要と対策

　畳が抜け落ちるのは、畳の下の根太と横架材への引っ掛かり具合に左右される。
和室の床抜けを事前に見抜くには、壁と畳の隙間や畳同士の隙間を見逃すな。
　化学畳は、い草畳と比較して強度が弱く床抜けしやすいものと認識せよ。一箇所集中を避け、赤色標示テープ等で危険箇所を明示せよ。

解　説

　和室の床（畳）は、壁面に設定されている根太と下階天井と床の間に格子状に渡っている横架材の上に乗せてある構造となっている。したがって、和室の畳の抜けは、根太と横架材への引っ掛かり具合に左右されることが多い。

　したがって、和室の床抜けを事前に見抜くには、壁と畳の微細な間隙の開きや、複数敷き詰められている畳同士の間隙を見逃してはならない。

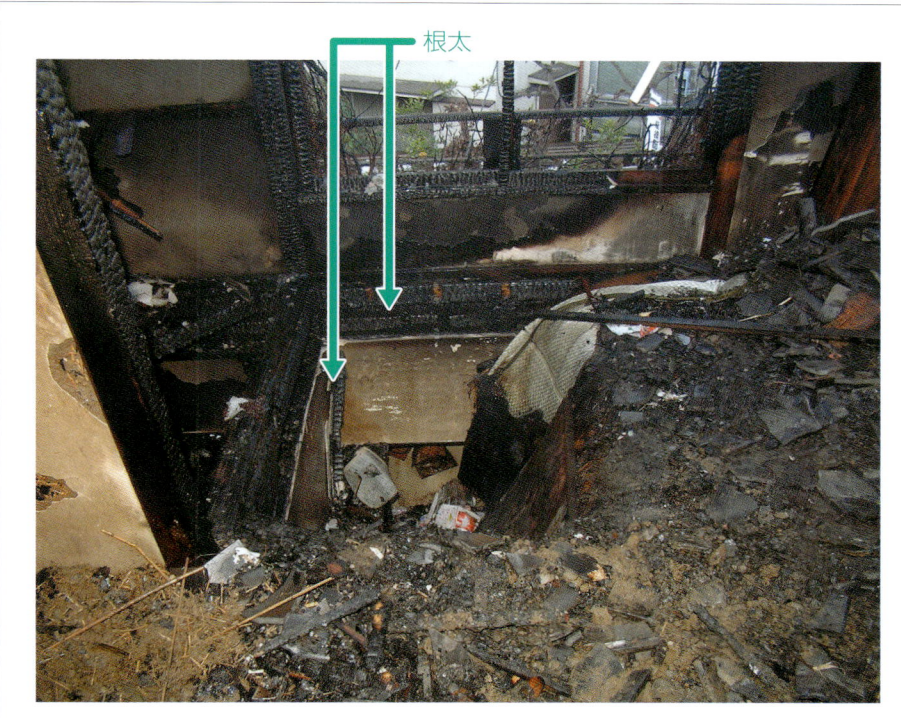

根太

写真12－1：畳1畳分が床抜けした現場

　写真は、和室の隅部において畳1畳分が床抜けしたものである。この床抜けは、根太の焼け細りにより引っ掛かりが外れて床抜けしたものと思われるが、ほかにも和室の床抜けパターンとしては、床部の横架材や梁の座屈に起因するものなど、多岐にわたるので活動環境の些細な変化も見逃してはならない。

　また、畳がい草畳でなく、発泡プラスチックでできたものは強度も弱く燃えやすい上、非常にやわらかいために放水等により水が浸み込むと、根太等の焼け細りに関係なく床抜けが生じる危険性がある。

　このような状況下での活動は、隊員の一箇所集中を避け、単はしごの活用、赤色標示テープ等の設定、床に散乱する瓦の下階への落下防止等に配慮しなければならない。

事例 13

上階の床抜けの前兆を見逃すな

「上階でもたくさん放水してるな… 退避！」

概要と対策

　床抜け発生前には必ず何らかの前兆があることから、下階で活動する場合は、前兆をいち早く察知できる安全監視体制と各隊員の細心の注意が必要不可欠である。
　常に周囲の状況を確認し、上方ばかりにとらわれることなく、建物のきしみ音等にも迅速に反応できる心構えを持て。

解　説

　上階の床抜けは隊員の重大な受傷事故に直結するため、下階での活動には細心の注意を払う必要がある。

　床抜けは、強度が弱くなった床の上に重量物があり、それを支えきれなくなり発生するものであるから、隊員がその直下にいた場合、床だけでなく家具等の重量物が隊員に降りかかることとなる。

　したがって、これを避けるためには消防活動全体を把握するとともに安全監視を最優先とし、天井の放水による染みや微細な湾曲などを決して見逃してはならない。

写真13－1：1・2階が延焼し、上階の床が抜けた現場

　写真は、上階の床が抜けた状況であるが、この前兆として、上階での放水による天井の染みや湾曲等が発生していたものと思われる。このような状況では、大規模な床抜けに拡大するおそれがあるため、隊員はむやみに近寄ってはならない。また、発生後の活動は、安全管理担当者（隊）の安全監視の下、危険な区域は赤色標示テープ等で明示するとともに、足場を使用するなど、強度保持等の有効措置を施してから残存火源確認等の残火処理に当たることが必要である。

事例 14

壁内も延焼経路となる。これを見抜く洞察力を養え

炎が壁の中を伝っている！

概要と対策

　壁内が延焼経路となり、小屋裏、天井裏に延焼拡大する危険がある。壁の温度や煙の状況により、壁内延焼を見抜く洞察力を身に付けよ。
　壁内が延焼している場合、見た目より壁、床等の強度が低下している。三連はしごを架ていする場合、架てい箇所の強度を確認するとともに、ベランダの落下危険に注意せよ。
　また、上階への進入時、転落危険に十分注意し足元の強度を確認せよ。

解　説

　建物の構造にかかわらず、壁内が火のまわる経路となることはよくある。このような場合、構造物の強度が見た目よりも弱くなっているので、床、小屋裏、ベランダなどに十分注意するとともに、温度や煙の状態によっていち早く壁内延焼を見抜く洞察力が必要となる。

結着部分

写真14－1：壁内を火炎が通り、落下した外壁

　写真は、壁の内側に火がまわり、外壁を焼き落としたものである（三連はしご先端の右側部分）。

　この現場では壁内に火がまわっているために見た目よりも建物全体が脆弱化しており、床抜けや倒壊の危険性が高く、架ていや内部進入は慎重に実施しなければならない。

　このような現場において、三連はしごを強度の期待できないベランダではなく、延焼していない自転車置き場の柱に結着しているのは機転の効いた判断といえる。

　この写真では、このほかにもベランダの落下危険、小屋裏の再燃危険などが潜んでいる。

事例 15

全焼した防火造建物は落下物の危険が多い

サッシ、バルコニーが溶けてる…

概要と対策

　内部が全焼し、壁だけが残っている建物においては、開口部である窓に取り付けられたアルミサッシの溶融やバルコニー部分の湾曲などが発生していることが多く、これらが落下する危険性が高いと心得よ。
　常に広い視野で現場の状況を確認し、危険要因を見逃すな。

> **解　説**

　最近の防火造住宅の防火性能は非常に高く、隣棟へ延焼しにくい。したがって壁だけが残っており内部の収容物が全焼するような火災も多い。しかし、このような場合はアルミサッシの溶融、バルコニーの湾曲など、落下物等による危険が多く潜在する。

写真15-1：サッシのアルミ枠が溶融し、シャッターの落下危険のある写真

　写真は、防火造建物が全焼した火災で、熱でアルミ製の窓枠が溶融し、シャッターが外れて落下する危険が存在している様子である。
　また、写真のような現場ではベランダも火炎に曝されて湾曲し強度が低下しているおそれがあることから、三連はしごについても架てい位置、結着箇所には十分注意する必要がある。また、写真右側の三連はしごは、固定していなければ転倒危険があることから、早期に収納するなどの危険要因排除に努めなければならない。

事例 16
火に煽(あお)られたモルタル外壁は非常に弱くなる

「進入統制　安全監視」

概要と対策

　火に煽られたモルタル外壁は非常に脆(もろ)くなり、剥離、落下を起こす危険があることから、早期に情報を周知し、安全監視体制を強化した後、進入統制及び破壊による危険排除を実施せよ。

> **解　説**

　モルタル外壁を持つ木造住宅は、隣棟への延焼をある程度緩和する機能を持つが、火炎に曝されると強度が非常に弱くなり、わずかな衝撃で穴が開いたり、崩れたりする。
　また、火に曝されることが続くと、やがてひび割れを起こし剥離、落下を起こす。

写真16－1：火炎に曝されもろくなった住宅の外壁

　写真は、モルタル外壁を持つ木造住宅であるが、内部が火炎に曝されると、壁自体が非常に脆くなる。写真に見える大きな穴は消防隊によって破壊されたものであるが、このようにいとも簡単に大きな穴が開いてしまう。もしさらに熱せられていたとしたら、外壁が自然に剥離・落下する危険性もあるので、これらの危険を早急に察知し、安全監視のもと、破壊による危険の排除や赤色標示テープ等による進入統制など、早期に対応する必要がある。
　また、この写真のように活動が夜間に行われる場合は視界の制限などがあることから、投光器などの活用により早期に活動環境を整えることが大切である。

事例 17

収納棚からの落下物に注意しろ

「食器の落下危険」

概要と対策

　収納棚が火炎に曝され強度が低下すると、収容物の重量を支えている底部が崩れ、収容物が一気に落下する危険がある。
　収納棚の底部に湾曲を確認したならば、収容物の除去を行い、崩落危険を排除せよ。

解　説

　台所に限らず、上部に棚や天袋などの収納スペースを設けている住宅は多い。これらは台所であれば不燃材などで作られている場合もあるが、火炎に曝されることで強度は弱くなる。

　収納棚には物が多く詰め込まれているため、収納棚の底部の抜けによって収容物全体が落下する危険性が潜んでいる。

写真17－1：台所で底部が火炎に曝され湾曲している収納棚

　写真は、台所の収納棚が火炎に曝されて底部に湾曲が発生し、中の食器等が落下する危険性のある様子である。

　このような場合、底部の抜けによる収容物の落下に注意することはもちろんのこと、再燃火災を防ぐため、収容物の除去や赤外線カメラを活用した残存火源の確認に努めなければならない。

　また、この写真の場合は収納棚のほかにも天井物の垂れ下がりも見られることから、早期に排除するなど安全に配慮した残火処理活動を行わなければならない。

事例 18

フローリングは畳よりも床抜けしやすい

[図：フローリングの素材と畳の断面図比較。左側は「フローリングの素材」と「合板」、右側は「畳」と「合板」。消防隊員が「フローリングの素材って思ったより薄いな」と考えている。]

概要と対策

　フローリングは、畳よりも床抜けしやすく、1階の天井が火炎に曝された際、直上階の床がフローリングであった場合、床抜け危険は増大する。
　活動現場では、情報の早期共有が危険要因を排除する重要な手段であることを忘れるな。

解 説

　洋室におけるフローリングの床は、根太の上に荒板をのせ、その上に表面仕上げを施した約5mmほどの床板を敷き詰めるという構造である。したがって、荷重には非常に弱く従来の畳（和室）と比較して強度は弱いことが考えられる。

　このことから、例えば1階の天井が火炎に曝され、直上階の床がフローリングであった場合、強度低下による床抜けの発生危険が予想される。

写真18-1：下階焼損により床抜けしたフローリングの床

　写真は、1階を焼損した住宅における2階部分のフローリングに床抜けが発生した現場であり、活動のために足場板を敷き補強を施している状態である。

　フローリング自体が強い構造でないため床抜けが連鎖拡大する可能性が大きい。そのため適切かつ厳格な進入統制及び赤色標示テープ等による明示や使用資器材の整理整頓を行わなければならない。

　また、和室などのい草畳は、それ自体がある程度強度を持つが、フローリングに用いられる部材は薄いことが多く、注意が必要である。

事例 19

押入れは延焼経路となりやすい

概要と対策

　押入れは造りが弱いうえに、多くの延焼媒体（布団や本等）が収納されていることから、延焼経路となりやすい。また、多くの重量物が上階から落下する危険が発生することも認識しておかなければならない。
　早期に延焼状況等を把握し、対応せよ。

解　説

　押入れは人的荷重の少ない部分であるため造りが弱く、衣類や本、プラスチック製品、ダンボール、さらには布団など、多くの可燃物が収納されていることから、延焼経路となりやすいことを認識する必要がある。

　いったん押入れに火が回ると、上階だけでなく下階へも容易に延焼してしまう。こうした延焼危険だけでなく、木造住宅の構造上、押入れの上階部分も同様に押入れであることが多く、床抜けが発生しやすく、膨大な収容物の落下危険が潜在する。

写真19-1：焼損し、上階の床抜けにより収容物が落下している押入れ

　写真は、木造住宅で押入れが焼損し、弱くなった天井の床抜けにより上階の収容物が落下している現場である。

　このような現場では、指揮者は強い活動（進入）統制を図るとともに、可燃物の除去にあっては、押入れに進入させないなど具体的対応も下命し、慎重に行わなくてはならない。

　また、床抜けは連鎖する可能性があること、押入れの収容物には残存火源が残っていることなどから、慎重に活動を行わなければならない。

事例 20

上方のみに気をとられずに足元をしっかり見よ

概要と対策

　火災現場では、落下物等を意識するあまり、上方に気をとられがちになる。常に視野を広く持ち、足元の確認を怠ることなく、安全管理を徹底しなければならない。
　特に、上方の落下物等の除去を行う際、複数の隊員が一箇所に集中してしまうことが懸念されることから、隊員相互に連携し、注意を喚起せよ。

解　説

　火災現場における消防活動では、落下物の除去等に気をとられがちであるが、足元にも留意することが必要である。たとえそれが家屋の１階部分であっても延焼の仕方によっては床抜けが発生する恐れが十分にあり、特に玄関や土間部分などコンクリート部分へ落下すると重大な受傷事故へつながりかねない。

写真20－１：延焼建物で残火処理活動をしている様子

　写真は、様々な危険要因がある中で残火処理活動を行っている様子である。このような状況下では、しころや顔面保護板の着装を完全に施し、上方の火種確認、落下物の除去などにあたらなくてはならない。また、収容物・堆積物が多い中での活動となるため、ホースや投光器コードをきちんと整理し、転倒防止や床抜け時の受傷事故防止等に配慮しなければならない。

> 事例 21

倒壊危険の大きい現場活動は任務分担の上、最小限の隊員で実施せよ

> 概要と対策

　倒壊危険の大きい現場では、むやみに多くの隊員を投入することなく、活動現場を十分把握した後、的確な任務分担を行え。
　また必要最小限の隊員で活動を実施し、他の隊員を活用して安全監視体制を強化せよ。

解　説

　木造家屋において屋根が強固な造りである場合、壁が焼け落ち柱・梁が焼け細っていても、屋根だけ抜け落ちずに残っていることがある。このような場合、何らかのはずみで座屈が起きると、次々に連鎖して建物全体が倒壊する危険性が非常に高い。このため、活動には十分注意することが必要である。

写真21－1：屋根が残り、焼け細った柱に依然として荷重が掛かっている建物

　写真は、屋根が残り、焼け細った柱に屋根の荷重が掛かっているため、倒壊危険が非常に高い現場である。
　このような現場での指揮本部や安全管理担当者（隊）による安全監視活動は、できる限り全体が見渡せる場所で行い、柱の座屈等の些細な前兆を見逃してはならない。
　また、2階で活動する隊員は必ず自己確保を設定するとともに、一箇所に集中しないことや、必要最低限の人数での活動を展開するとともに、状況に応じて2階で活動中は1階での活動はさせないなどの統制も必要である。

> 事例 22

収容物・堆積物が多い現場では資器材を整理せよ

概要と対策

　　収容物及び堆積物が多い現場では、危険要因を見落としがちになる。活動スペースを最大限に有効活用するために、資器材を可能な限り安全な場所に整理、配置し、現場の安全管理のレベルアップを図れ。

> **解　説**

　収容物の多い家屋の火災現場や、屋根抜けが発生した現場では、物が床面を覆ってしまい、多くの危険を見逃しがちになる。その状況でホース、投光器をはじめ様々な資器材を使用する場合、可能な限り安全な場所に整理をしながら展開し、不測の床抜け事故等に巻込まれぬように気を配らなくてはならない。

写真22－1：室内に瓦が堆積し床面が見にくくなっている

　写真は、木造住宅火災において屋根抜けし、大量の瓦が室内に堆積したものである。
　例えばこのような場所で残火処理に移る場合、投光器コードを延長したり、とび口を置く場合などは、できるだけ部屋や廊下の隅の方に整頓し、それを拾う際も部屋や廊下の中央へは近寄らず、床抜けを避けた活動をすることが必要である。

事例22　収容物・堆積物が多い現場では資器材を整理せよ

事例 23

屋根抜けの有無で床への荷重が変わる

概要と対策

　火災建物の屋根抜け及び落下危険を排除するために瓦等を室内に落とした場合、これらの荷重がそのまま床にかかることになる。
　室内に落下している瓦等の堆積状況は、床抜け危険を判断する情報源のひとつであることを忘れるな。

解　説

　瓦屋根の場合、概ね洋瓦で1枚1〜2kg、日本瓦で1枚3kgの重量があるため、屋根1m²あたりではおよそ30〜50kgの荷重があり、屋根が焼け抜けた場合及び危険を排除するために屋根からこれらを落とした場合、瓦や根太板の荷重がそのまま直下階の床にかかることとなる。

写真23-1：屋根抜けにより室内に堆積した瓦

　写真は、木造住宅火災において屋根抜けし、大量の瓦が室内に堆積したものである。消火活動によって十分に水が染み込んだ床に、このように多くの重い瓦が堆積すると、床抜けの危険性が増えることは確実である。
　したがって安全管理に配慮した活動を行うには、床抜け危険と屋根抜けは密接にかかわっているという認識を持たなければならない。

事例 24

焼け細った細かい部材は素早く除去せよ

概要と対策

　焼け細った化粧梁等の細かい部材は活動の障害になるばかりか、火種が残っている木片が落下し活動中の隊員が熱傷を負う可能性が十分考えられる。
　したがって、このような状況を発見したら、必ず残存火源の確認を行うとともに、周囲の隊員と連携を図り、素早く除去しなければならない。

解　説

　木造住宅の構造物の中で、化粧梁、障子や装飾を施した戸など、細かい材料を用いて形成されている部分は多い。これらは燃えやすく重量を持たないが、火種が残っている小さな破片が隊員の襟や防火衣の隙間から入り部分的な熱傷を負った事例は多い。

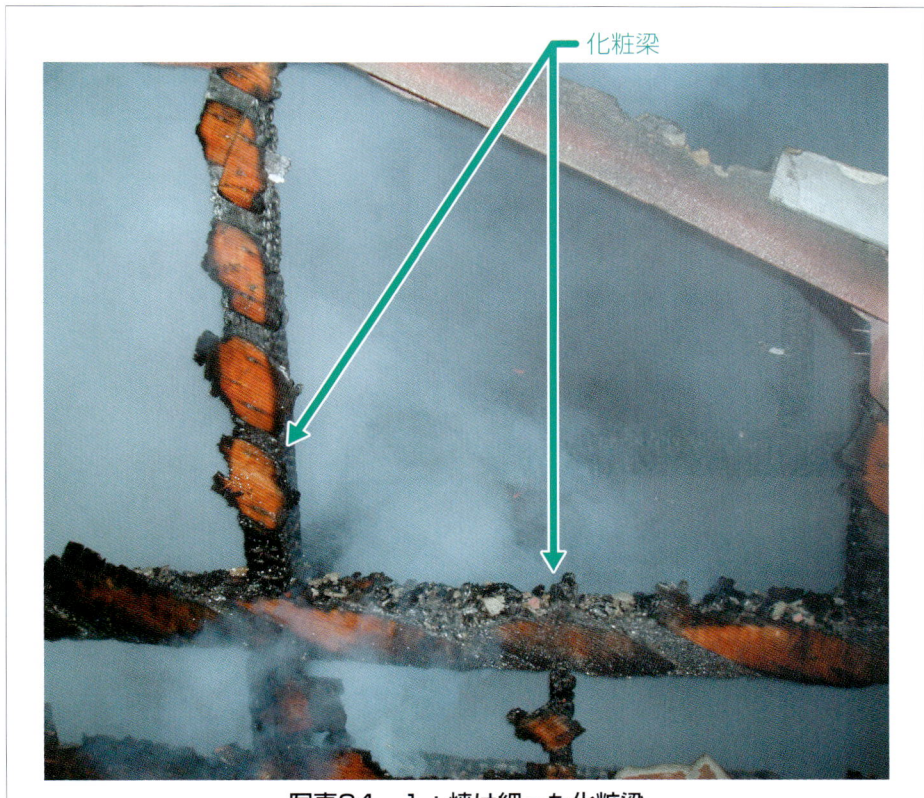

写真24－1：焼け細った化粧梁

　写真は、細かい部材を格子状に飾った化粧梁が焼け細ったものである。これらはもともと強度が低い上、建物の構造強度にも直接かかわっていないと思われる。
　一方、このような細かい細工物には微細な間隙があるため放水を行っても残存火源があったり、火粉が残っていたりすることがあり、落下により活動隊員が熱傷を負う危険性は大きい。
　したがって、これらを発見した場合は必要に応じて注水を行い再燃防止を図るとともに、周囲の隊員の安全監視のもと熱傷に十分注意した事前排除に努める必要がある。

事例 25

鋼鉄による土台は熱で曲がってしまう

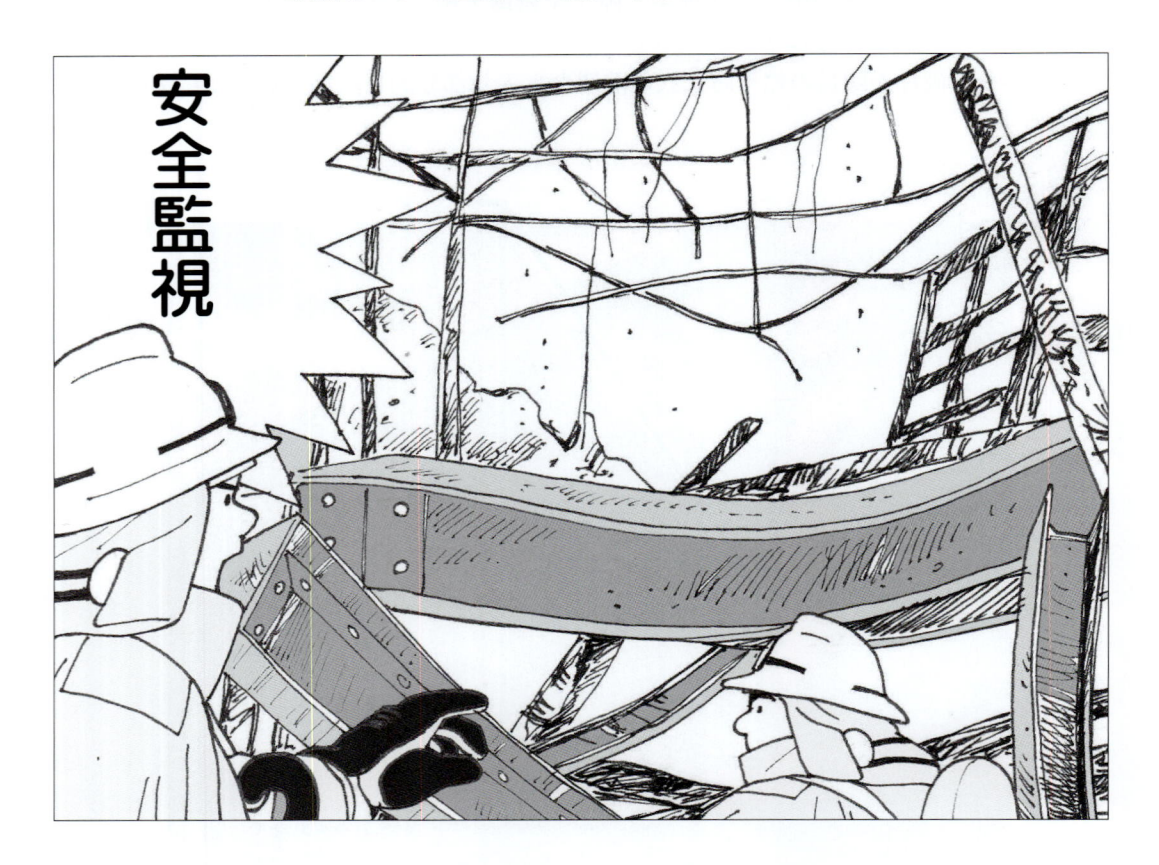

安全監視

概要と対策

　鋼鉄製の部材が使われている火災建物においては、熱により鉄製部材の変形が起こり、これにより家屋が崩壊するという危険が発生する。
　柱に木材を使用している場合は、「焼け細り」、鉄材を使用している場合は、「変形」という、危険判断要素を忘れるな。

解　説

　現在は木造住宅でも、大きな木材だけでなく、土台部に鋼鉄製の部材が使われることも多い。

　鉄は、一定の温度の中では非常に強固であるが、約1,200℃を超えると溶融するといわれている。また、その半分の600℃で強度が低下することから、このような家屋は木材のみの家屋と比較すると、鉄製部材の湾曲による家屋の崩壊など、別の危険性が潜在しているといえる。

写真25－1：土台部分に鉄骨を用いた木造家屋

　写真は、土台部分に鉄骨を用いた木造家屋が火災により湾曲したものである。
　一般に木材の性質として、表面が火に煽られると炭化層を形成するが、炭化層は断熱材の役割も果たすため、芯まで火が到達することは難しいといわれている。多くの木造建物火災において、壁や天井は焼け落ちているのに、太い柱や梁のみが残っていることが多いのはこのためである。
　写真のような現場では建物全体に構造的な歪みが生じているので、一つひとつの作業を慎重に行わなければならない。赤色標示テープ等による進入統制を行い安全監視を徹底させた上で、補強措置を施した崩壊危険への対応や、重機の活用を図らなければならない。

> 事例 26

安全管理担当者（隊）でなくとも自ら安全確保に対する意識を持て

概要と対策

　残火処理活動時においては、活動隊員の疲労がピークに達しており、燃え尽きた建物の全体像や、細かい部分への注意が散漫になりがちである。
　このことから、隊員相互に注意を喚起し、危険要因に対する共通認識を持つなど、安全管理担当者（隊）でなくとも自ら安全確保に対する意識を持て。

> **解　説**

　屋根が抜け、壁体等も燃え尽きた現場では、建物全体の倒壊危険、残存物の落下危険が懸念され、さらに上部や足元の鋭利なものへの注意力が散漫になりがちである。

　倒壊危険等に即時対応するためには、安全管理担当者（隊）以外にも自己隊から安全監視員を指定するなど、自ら安全確保に対する意識を持たなければならない。

写真26-1：多くの部分が焼け落ちて、倒壊が懸念される写真

　この写真では、多くの部分が焼け落ちており、倒壊の危険性が高い。屋根、壁体が落ちており荷重も低くなっているため、梁落下の危険性は低いが、1階も床抜けするために一箇所に多くの隊員が集中するのは危険である。

　また、残火処理時の床面は鋭利なものが散乱しており、踏み抜きによる受傷事故を防止するために、早期に危険要因の排除を考えるべきである。

　指揮者はもちろんのこと、隊員一人ひとりが自ら安全管理責任を有することを認識した活動をする必要がある。

引用・参考文献

1） 羽切道雄『図解でわかる木造建築の構造』日本実業出版社　2004年

2） 高木任之『図解雑学建築基準法』ナツメ社　2005年

3） 芳賀繁『うっかりミスはなぜ起きる』中央労働災害防止協会　1991年

4） 日本火災学会『火災と建築』共立出版　2002年

5） 侯炳金「ほぞ接合部を持つ平屋建て木造住宅の倒壊積雪深に関する研究」『構造工学論文集』日本建築学会　2003年

6） 鈴木祥之「在来構法木造住宅の実大水平力載荷実験」『日本建築学会構造系論文集』第499号　日本建築学会　1997年

7） 石川浩一郎「過大な鉛直荷重を受ける木造立体架構の倒壊挙動の推定法」『日本建築学会構造系論文集』第559号　日本建築学会　2002年

8） 石井隆史「木造立体架構の座屈解析に基づく不安定崩壊挙動の分析と座屈荷重の推定」『日本建築学会学術講演梗概集』22093号　日本建築学会　1999年

9） 渋谷泉「木造接合部におけるほぞ差し込み栓の耐力評価法に関する実験研究」『日本建築学会構造系論文集』601号　日本建築学会　2006年

10） 浜田稔「木材の燃焼速度」『火災誌』2号　日本火災学会　1953年

11） 黒正清治「火災前後の梁の載荷試験」『火災誌』6号　日本火災学会　1956年

12） 東京消防庁監修『安全管理―受傷事故の科学的分析と再発防止―』東京法令出版　2006年

木造建築物の火災特性を踏まえた
消防活動の安全管理対策

平成19年5月31日　初　版　発　行
令和4年12月1日　初版17刷発行

編　　　集／全国消防長会
協　　　力／東京消防庁
発　　　行／一般財団法人 全国消防協会
　　　　　　〒102-8119　東京都千代田区麹町1－6－2
　　　　　　アーバンネット麹町ビル
　　　　　　TEL 03(3234)1321（代表）
　　　　　　FAX 03(3234)1847
　　　　　　URL　　https://www.ffaj-shobo.or.jp/
　　　　　　E-Mail　ffaj@ffaj-shobo.or.jp

東京法令出版株式会社

112-0002	東京都文京区小石川5丁目17番3号	03(5803)3304
534-0024	大阪市都島区東野田町1丁目17番12号	06(6355)5226
062-0902	札幌市豊平区豊平2条5丁目1番27号	011(822)8811
980-0012	仙台市青葉区錦町1丁目1番10号	022(216)5871
460-0003	名古屋市中区錦1丁目6番34号	052(218)5552
730-0005	広島市中区西白島町11番9号	082(212)0888
810-0011	福岡市中央区高砂2丁目13番22号	092(533)1588
380-8688	長野市南千歳町1005番地	

　　　　　　［営業］TEL 026(224)5411　FAX 026(224)5419
　　　　　　［編集］TEL 026(224)5412　FAX 026(224)5439
　　　　　　https://www.tokyo-horei.co.jp/

© Fire Chiefs' Association of Japan , Printed in Japan,2007
　本書の全部又は一部の複写、複製及び磁気又は光記録媒体への入力等は著作権法での例外を除き、禁じられています。これらの許諾については、当社までご照会ください。
　落丁本・乱丁本はお取替えいたします。

ISBN978-4-8090-2227-2